Duden

150 Aufsatzübungen

2. bis 4. Klasse

Alle Aufsatzformen

Mit Illustrationen von Elena La Rovere

2., aktualisierte Auflage

Dudenverlag
Berlin

Die **Duden-Sprachberatung** beantwortet ihre Fragen
zu Rechtschreibung, Zeichensetzung, Grammatik u. Ä.
montags bis freitags zwischen 09:00 und 17:00 Uhr.
Aus Deutschland: **09001 870098** (1,99 € pro Minute aus dem Festnetz)
Aus Österreich: **0900 844144** (1,80 € pro Minute aus dem Festnetz)
Aus der Schweiz: **0900 383360** (3,13 CHF pro Minute aus dem Festnetz)
Die Tarife für Anrufe aus den Mobilfunknetzen können davon abweichen.
Den kostenlosen Newsletter der Duden-Sprachberatung können Sie
unter www.duden.de/newsletter abonnieren.

Bibliografische Information der Deutschen Nationalbibliothek
Die Deutsche Nationalbibliothek verzeichnet diese Publikation
in der Deutschen Nationalbibliografie; detaillierte bibliografische
Daten sind im Internet über http://dnb.dnb.de abrufbar.

Bibliographisches Institut GmbH, Mecklenburgische Straße 53, 14197 Berlin

Redaktionelle Leitung: David Harvie
Redaktion: Barbara Holzwarth
Autorin: Annette Weber
Illustration: Steffen Butz, Elena La Rovere

Herstellung: Maike Häßler
Umschlaggestaltung: Büroecco, Augsburg
Umschlagabbildung: antoniodiaz/Shutterstock.com
Layout und Satz: Elstersatz, Wildflecken
Druck und Bindung: mediaprint solution GmbH,
33100 Paderborn
Printed in Germany

PEFC/04-31-0810

PEFC zertifiziert
Dieses Produkt stammt aus nachhaltig bewirtschafteten Wäldern und kontrollierten Quellen.
www.pefc.de

ISBN: 978-3-411-73927-1
Auch als E-Book erhältlich unter: ISBN 978-3-411-91214-8
www.duden.de

INHALT

Liebe Schülerin, lieber Schüler!

„Aufsatzschreiben kann man nicht lernen. Entweder man kann es, oder man hat Pech gehabt."
Vielleicht hast du diesen Satz schon einmal gehört. Aber er stimmt nicht. Auch Aufsatzschreiben kann man lernen. Man kann lernen, Ideen zu sammeln, sie zu gliedern und auf die Form des Aufsatzes zu übertragen. Zudem kann man ganz gezielt Techniken des Schreibens trainieren.
Dieses Buch soll dir einen Weg zeigen, gute Aufsätze zu verfassen. Die Kapitel stellen alle Aufsatzformen vor, die du in der Grundschule lernst. Am Anfang der Kapitel steht jeweils ein Infokasten, in dem die wichtigsten Merkmale der Aufsatzform zusammengefasst sind. Dann folgen Übungen für die verschiedenen Klassenstufen. Deine Ergebnisse kannst du anhand der Lösungen im Anhang des Buches überprüfen. Bei vielen Aufgaben handelt es sich jedoch nur um Lösungsvorschläge zur Orientierung, deine eigene Lösung kann anders aussehen.
Lege dir ein Übungsheft an. Dort hinein schreibst du die Aufsätze, für die der Platz im Buch nicht ausreicht.

Viel Erfolg beim Arbeiten mit diesem Buch!

Tipps zur Klassenarbeit

– Übe für die Klassenarbeit, indem du alle Merkmale des Aufsatzes noch einmal genau durchgehst.
– Lege dir am Tag der Klassenarbeit neben dem Aufsatzheft und einem Füller auch Blätter und einen Bleistift zum Vorschreiben bereit.
– Lies das Aufsatzthema in Ruhe durch. Lass dir Zeit, nachzudenken.
– Notiere dir erste Ideen auf einem Zettel.
– Entscheide dich für eine Idee und mache dir weitere Notizen.
– Bringe deine Notizen in eine sinnvolle Reihenfolge.
– Wenn genug Zeit ist, schreibe deinen Aufsatz auf einem Zettel vor.
– Überarbeite den Aufsatz gründlich. Lies ihn dir konzentriert durch, streiche, verändere, verbessere.
– Schreibe deinen Aufsatz in dein Aufsatzheft ab.
– Schlage Wörter, bei denen du unsicher bist, im Wörterbuch nach. Ein Aufsatz mit möglichst wenigen Rechtschreibfehlern macht einen guten Eindruck!
– Lies deinen Aufsatz mindestens zweimal gründlich durch. Korrigiere ein letztes Mal Fehler und gib dein Heft erst ab, wenn du alle Unsicherheiten behoben hast.

Liebe Eltern!

Alle Aufsätze, die Lernstoff der Grundschule sind, folgen einem bestimmten Schema, das man trainieren kann. Dieses Buch soll dafür eine Hilfe sein.
Kapitelweise werden verschiedene Aufsatztypen vorgestellt, deren Merkmale in einem Infokasten zusammengefasst sind. Darauf folgen viele verschiedene Übungen, die es Ihrem Kind ermöglichen, unterschiedliche Textformen und ihre Besonderheiten zu erkennen und selbst anzuwenden. Spezifische Wortschatzübungen sowie Übungen zum Schreibstil vertiefen das Training.
Am Rand der Trainingseinheit ist eine Klassenstufe vermerkt. Sie dient jedoch nur der groben Orientierung. Fühlt sich Ihr Kind in der Lage, auch schwerere Übungen zu bewältigen, sollten Sie dies fördern.
Es ist hilfreich, wenn Ihr Kind neben diesem Buch noch ein Übungsheft führt, in das es frei schreiben kann.
Im Anhang des Buches werden Lösungen vorgegeben, bei frei gestalteten Aufgaben kann es sich dabei selbstverständlich nur um Lösungsvorschläge handeln.
Wenn Ihr Kind regelmäßig und konzentriert mit diesem Trainingsbuch arbeitet, werden Sie staunen, wie leicht Ihrem Kind das Aufsatzschreiben in Zukunft fallen wird.

Viel Erfolg und Freude mit diesem Buch!

1 Nachrichten verfassen

1.1 Eine Notiz schreiben

Die Notiz

Eine Notiz ist eine Nachricht für sich selbst oder jemand anderen. Sie ist immer kurz, enthält aber alle wichtigen Informationen. Manchmal genügen auch Stichworte. Wichtig ist allerdings, dass der Empfänger die Nachricht verstehen kann.

Übung 1

Lies den Text. Schreibe dann auf, was Hannah ihrer Mutter notiert.

Hannah ist allein zu Hause. Das Telefon klingelt.
Ihr Vater ist am Apparat.
„Hannah, kannst du Mama sagen, dass ich heute erst um 18.00 Uhr nach Hause komme?“, fragt er.
„Ich muss gleich zur Musikschule“, erwidert Hannah, „aber ich schreibe Mama einen Zettel.“

Übung 2

Lies das Gespräch. Notiere anschließend, was Finn für seine Mutter auf den Zettel schreibt.

Finn: „Papa? Darf ich ins Freibad gehen? Ich habe auch meine Hausaufgaben schon gemacht und das Zimmer aufgeräumt."
Vater: „In Ordnung. Aber um 18.00 Uhr bist du wieder da. Schreib Mama einen Zettel. Ich bin nämlich auch gleich weg."

____

____

____

Übung 3

Als Lenas Mutter nach Hause kommt, findet sie einen Zettel auf dem Küchentisch. Was fehlt bei dieser Nachricht?

Hallo Mama, nachher kommt jemand.

____

____

____

Übung 4

Anna bekommt einen Anruf. Dann erstellt sie eine Notiz und legt sie ihrem Vater auf den Schreibtisch. Schreibe die Notiz.

„Anna Seifert."
„Hallo, hier ist Uwe Germann. Ist dein Papa da?"
„Nein, leider nicht."
„Kannst du ihm sagen, dass ich heute nicht zum Handballspiel fahren kann? Und dass er den Jürgen Simon aus der Schillerstraße mitnehmen soll."
„Jürgen Simon?"
„Dein Vater weiß schon, wer das ist. Wir fahren immer zusammen. Das Spiel fängt um 19.00 Uhr an, aber es treffen sich alle eine halbe Stunde früher vor dem Eingang. Ach so, und dein Vater soll noch ein Trikot für Paul mitnehmen. Und die Vereinsfahne auch."
„Ich schreibe mir das mal auf."

Übung 5

Lies den Text. Unterstreiche im Text alles, was du dir für einen Bauernhof aus Holz wünschen würdest.

Im Spielzeuggeschäft gibt es folgende Auswahl:

Es gibt Bauernhäuser und Fachwerkhäuser.
Es gibt Kuhställe, Pferdeställe, Kaninchenställe, Schweineställe und Schafställe.
Es gibt Pferde, Hunde, Kühe, Schafe, Schweine, Kaninchen, Enten und Hühner.
Es gibt Männer, Frauen, Jungen, Mädchen und ein Baby.
Es gibt Traktoren, Anhänger, Mähdrescher und Pflüge.
Es gibt Bäume, Sträucher, Zäune und sogar einen Misthaufen.

Übung 6

Schreibe nun für deinen Bauernhof aus Holz einen Wunschzettel.

Übung 7

An der Pinnwand eines Kaufhauses hängt folgende Notiz. Was gefällt dir an dieser Notiz nicht? Kreuze unten an.

> Ich verkaufe einen schönen Bauernhof.
> Der Hof und die Tiere sind aus Fichtenholz gefertigt, reine Handarbeit, ungiftige Farben.
> Er ist einfach wunderschön, du wirst begeistert sein.
> Er kostet nur 79,– €.

- ☐ Die Adresse fehlt.
- ☐ Die einzelnen Tiere werden nicht genannt.
- ☐ Es kommen zu viele Gefühle vor.
- ☐ Die Notiz ist zu lang.
- ☐ Der Preis fehlt.
- ☐ Das Holz wird nicht beschrieben.

Übung 8

Sarah hat sich einen Merkzettel geschrieben. Streiche durch, was nicht wichtig ist. Schreibe dann den Merkzettel neu.

Morgen Mathe in der ersten Stunde bei dem blöden Schulte.
Taschenrechner mitnehmen, aber ich weiß gar nicht, wo meiner ist.
Sport in der sechsten Stunde fällt aus. Das ist total gemein.
Ich wette, dafür kriegen wir wieder viel zu viele Hausaufgaben auf.

Übung 9

Im Laufe eines Schultags muss David sich vieles merken. Unterstreiche die wichtigsten Stichworte.

„Bitte bringt morgen 5,– € für das Theaterstück mit!"
„Hausaufgaben für Mathe: S. 67, Nummer 3–6."
„Schreibt das Lesestück als Rollenspiel um!"
„Bring bitte eine Verkleidung für Sophie mit."
„Vergiss das Sportzeug nicht!"
„Ihr braucht blaues Tonpapier!"
„Morgen fällt die vierte Stunde aus."

Übung 10

Schreibe einen Merkzettel für David.

Übung 11

Lies den Text. Tim will eine Notiz für das Schwarze Brett im Supermarkt schreiben. Unterstreiche alle Stichworte, die dafür wichtig sind.

Tims schwarzer Roller steht schon seit zwei Jahren ungenutzt in der Garage. Tim fährt lieber mit dem Fahrrad. Nun haben seine Eltern und er überlegt, den Roller zu verkaufen.
Tim schaut ihn sich noch einmal genau an. Es ist ein schöner Roller der Marke „Blitzflitz“ mit einem schwarzen Rahmen. Und er ist immer noch in einem guten Zustand.
„Wie viel kann ich dafür verlangen?“, fragt Tim seinen Vater.
„50,– €“, schlägt der Vater vor. „Und vergiss nicht, unsere Telefonnummer anzugeben. Nimm die Festnetznummer 0 33 17 / 28 46 20.“

Übung 12

Verfasse eine Notiz zum Verkauf von Tims Roller. Orientiere dich an den Stichworten.

- Marke
- Farbe
- Zustand
- Preis
- Telefonnummer

1.2 Eine Kurznachricht schreiben

Die Kurznachricht

Kurznachrichten werden meistens auf dem Handy oder Smartphone geschrieben, als SMS (Short Message Service) oder z. B. über Whatsapp, Twitter und Snapchat. Wie der Name schon sagt, sind diese Nachrichten sehr kurz, aber enthalten trotzdem alle wichtigen Informationen und sollten für den Empfänger verständlich sein.

Übung 13

Lies den Text. Schreibe dann eine passende Kurznachricht auf die Linien.

Maximilian hat nach der Schule den Bus verpasst. Der nächste Bus fährt erst in einer Stunde. Damit seine Mutter nicht beunruhigt ist, schreibt Maximilian ihr eine Kurznachricht.

____

____

____

Zähle die Zeichen in deiner Nachricht.

Meine Kurznachricht hat

________ Zeichen.

Übung 14

Lies den Text. Schreibe dann eine Kurznachricht auf die Linien.

Ben hat einen Hund bekommen. Jonas will ihn unbedingt sofort sehen. Nach der Schule geht er mit seinem Freund mit. Damit sich die Eltern keine Sorgen machen, schreibt Jonas eine Kurznachricht.

Übung 15

Lies den Text. Schreibe dann eine Kurznachricht auf die Linien.

Nele kommt aus der Schule. Es regnet in Strömen. Vielleicht hat die Oma Zeit, sie abzuholen? Schnell schreibt Nele eine Kurznachricht.

Übung 16

Viele Kurznachrichten enthalten Abkürzungen. Hier sind einige Zeichen aufgelistet, die dafür verwendet werden:

^^	grinsen, Augen zusammenkneifen
:-)	lachen, Smiley
:-o	erstaunt oder überrascht sein
;-)	Augenzwinkern
:-*	Küsschen
:-D	lautes Lachen
:-(	traurig sein
lol	lautes Lachen (laughing out loud)
hdl	hab Dich lieb
lg	liebe Grüße
cu	bis gleich (see you)
bb	bis bald (bye bye)

Schreibe eine Kurznachricht an einen Freund und benutze die Abkürzungen.

Übung 17

Lies die Kurznachricht und übersetze sie, indem du für die Abkürzungen Wörter oder Sätze einfügst.

Lina bekommt nachmittags eine Kurznachricht von ihrer Freundin Sarah:

Kim kann die Rolle nicht spielen :-(. Brauchen Deine Hilfe ^^. Komm schnell. Ben ist auch da ;-). Hdl, Sarah

____

____

____

Übung 18

Lies die Antwort darauf und übersetze sie ebenfalls, indem du für die Abkürzungen Wörter oder Sätze einfügst.

Lina schreibt zurück:

:-o Na gut, komme. Gut bin ich aber nicht :-(. Aber mit Ben an meiner Seite lol. Cu, Lina

____

____

____

Übung 19

Lies den Text und unterstreiche die wichtigsten Informationen. Schreibe dann eine Kurznachricht auf die Linien.

Pauls Freund Noah ist krank. Er hat eine starke Erkältung. Paul will ihn über die Hausaufgaben informieren. Heute sind es gar nicht so viele. In Mathe müssen sie auf Seite 34 die beiden Textaufgaben rechnen. Außerdem müssen sie für das Diktat üben, das sie morgen schreiben werden. Paul schreibt Noah eine Kurznachricht.

Übung 20

Lies den Text. Schreibe dann eine Kurznachricht. Jeder Buchstabe und jedes Satzzeichen stehen auf einem Strich. Berichte so viel wie möglich.

Klara ist auf Klassenfahrt. Mit ihren Freundinnen Luisa, Emma und Amelie teilt sie ein Viererzimmer. Die Fahrt ist sehr lustig. Am ersten Tag machen sie eine Schnitzeljagd, abends ist Disco angesagt. Anschließend schleichen die Mädchen im Dunkeln mit Geisterkleidung durch die Gänge und erschrecken die Jungen.

Als Klara im Bett liegt, will sie ihrer Mutter in einer Kurznachricht von dem Tag erzählen. Dabei hat sie nur 160 Zeichen. Was soll sie schreiben?

1.3 Eine Einladung verfassen

Die Einladung

Eine Einladung muss folgende Fragen beantworten:
Wer lädt ein? Warum lädt er ein (Anlass)? Wo und wann findet die Veranstaltung statt (Ort, Datum und Uhrzeit)? Manchmal müssen auch noch weitere Informationen gegeben werden.

Übung 21

Lies das Gespräch. Unterstreiche die Informationen, die für die Einladung wichtig sind.

Mutter: „Jan, wann willst du eigentlich deinen Geburtstag feiern?"
Jan: „Samstag. Also am 14. 2."
Mutter: „Willst du dann ein Kostümfest machen?"
Jan: „Ja, gute Idee. Ich wollte Felix, Murat und Ole einladen, außerdem Lisa und Jasmin."
Mutter: „Dann lade sie doch auf 15.00 Uhr ein. Wir bringen sie abends gegen 19.00 Uhr nach Hause."

Übung 22

Schreibe Stichworte auf.

Wer wird eingeladen? ______________________

Wer lädt ein? ______________________

An welchem Tag ist die Feier? ______________________

Um wie viel Uhr beginnt die Feier? ______________________

Was für eine Feier ist das? ______________________

Wann endet sie? ______________________

Wie kommt der Gast nach Hause? ______________________

Übung 23

Schreibe eine Einladung, indem du die Lücken füllst.

Liebe(r) ______________,

zu meinem ______________ am ______________

um ______________ lade ich Dich herzlich ein.

Die Feier ist ein ______________________, darum

möchte ich Dich bitten, ______________________

Wir bringen Dich gegen ______________ nach Hause.

Liebe Grüße ______________

Übung 24

In der Birkenfeldschule findet ein Schulfest statt. Die Schüler der 3. Klasse bereiten die Einladung vor. Ergänze die Stichworte mit eigenen Ideen.

Anlass: Sommerfest
Datum: 15. Juni
Beginn: 15.00 Uhr
Ende:
Ort:
Programmpunkte:

–

–

–

–

Übung 25

Schreibe mithilfe der Stichworte eine Einladung für die Eltern.

Übung 26

Entwirf anhand der Stichworte ein Einladungsplakat.

Anlass: Schulfest – Datum: 6. Juli – Beginn: 15.00 Uhr – Ende: 19.00 Uhr – Ort: Aula der Erlenschule – Programmpunkte: Theaterstück der Klassen 3, Bauchtanz der Klassen 4, Kaffee und Kuchen, große Tombola mit tollen Gewinnen, Sommerkränze basteln

Sommerfest in der Erlenschule

1.4 Einen Brief schreiben

Der Brief

Einen Brief kann man aus verschiedenen Anlässen schreiben, zum Beispiel, um sich für etwas zu bedanken, um etwas zu erzählen oder um jemandem zu gratulieren. Der Brief enthält immer Ort und Datum, eine Anrede, den Brieftext, einen Gruß und eine Unterschrift.

Übung 27

Lies den Brief. Markiere dann, wie in Klammern angegeben:
das Datum (_ _ _ _ _ _ _),
den Brieftext (_________),
den Gruß (═══════),
die Unterschrift (〰〰〰〰),
die Anrede (. . . . .).

Kassel, 24. 7. 2012

Hallo Mama!
Viele Grüße aus Kassel. Die Klassenfahrt ist toll. Yusuf und ich sind in einem Zimmer. Jeden Abend essen wir Chips und grüne Gummischlangen. Aber ich freue mich auch wieder auf zu Hause.
Küsschen
Philipp

Übung 28

Was schreibst du wem? Verbinde jeden Adressaten mit einer passenden Anrede und Grußformel.

- dem Bürgermeister
- deiner Freundin
- deinem Kumpel
- deinem Lehrer
- deinem Vater
- deiner Oma

Hi	Liebe Grüße
Hallo	Viele Grüße
Lieber	Hochachtungsvoll
Sehr geehrter	Mit freundlichem Gruß
Hey	Herzlichst

Die Adresse

Auf die Vorderseite des Briefumschlags gehört die Adresse. Man schreibt sie unten rechts hin, damit oben Platz für die Briefmarke bleibt. Zur Adresse gehören:
die Anrede der Person,
der Vorname und Nachname,
die Straße und Hausnummer,
die Postleitzahl und Stadt.

Übung 29

Schreibe die Adresse auf den Briefumschlag. Der Brief geht an Lilly Meister. Sie wohnt in Kassel in der Hauptstraße 24. Kassel hat die Postleitzahl 34131.

....

....

....

....

Der Absender

Auf die Rückseite des Briefumschlags schreibt man den Absender. Zum Absender gehören:
der Vorname und Nachname,
die Straße und Hausnummer,
die Postleitzahl und Stadt.

Übung 30

Was stimmt hier nicht? Schreibe den Absender richtig auf. Fehlende Angaben kannst du durch eigene Ideen ergänzen.

Anna
Frankfurt 60308
10

____

____

____

Übung 31

Anne soll einen Brief an ein Mädchen in einer Patenklasse in Freiburg schreiben. Es heißt Marie. Aber was soll sie schreiben? Kreuze die Sätze an, die du auswählen würdest. Auf den Linien kannst du eigene Sätze ergänzen.

☐ Liebe Marie!
☐ Hallo Marie!
☐ Wie geht es Dir?
☐ Mir geht es gut.
☐ Wir sollen einen Brief an Euch schreiben.
☐ Ich freue mich, Dir einen Brief zu schreiben.
☐ Ich muss Dir einen Brief schreiben, aber ich weiß gar nicht, was ich schreiben soll.
☐ Ich spiele gern Fußball.
☐ Ich mag Pferde.

☐ ____________________

☐ ____________________

☐ ____________________

☐ Was magst Du?
☐ Viele Grüße
☐ Liebe Grüße

Übung 32

Schreibe nun einen Brief an Marie. Die Sätze aus der Übung 31 können dir dabei helfen.

1.5 Eine E-Mail schreiben

Die E-Mail

Eine E-Mail ist eine elektronische Nachricht, die man über das Internet verschickt. Man muss dazu die E-Mail-Adresse des Adressaten kennen und selbst eine solche Adresse besitzen. In der Betreff-Zeile wird der Anlass für die E-Mail angegeben. Der E-Mail-Text beginnt mit einer Anrede. Er endet mit einer Grußformel und dem Namen des Senders.

Übung 33

Notiere am Rand der E-Mail, um welche Angabe es sich jeweils handelt. Verwende folgende Ausdrücke: Empfänger, Betreff, Sender und Text.

Von: Jonas.Meinert@klaro.de ____________________

An: Michael.Jochims@softdat.de ____________________

Betreff: Treffen im Schwarzwald ____________________

Hallo Lukas!

Wir fahren morgen auf den Campingplatz Schwarzwaldblick. Habt Ihr Lust, die Ferien mit uns zu verbringen? Wir würden uns freuen.

Liebe Grüße ____________________

Jonas

Übung 34

Lukas antwortet seinem Freund. Schreibe eine Antwortmail.

Sender: ______________________

Empfänger: ______________________

Betreff: ______________________

Anrede: ______________________________________

Text: ____

____

____

____

____

____

Grußformel: __________________________________

Name: _______________________________________

Erzählen

2.1 Geschichten erzählen

Eine Geschichte planen

Wenn man eine Geschichte erzählen möchte, muss man die einzelnen Schritte gut planen:
Zunächst muss man ein Thema auswählen und die Ideen dazu aufschreiben. Schließlich werden die Einfälle geordnet und der Verlauf der Geschichte wird entwickelt.

Übung 1

Schreibe alle Ideen auf, die dir zu dem Thema „Ein Ausflug" einfallen.

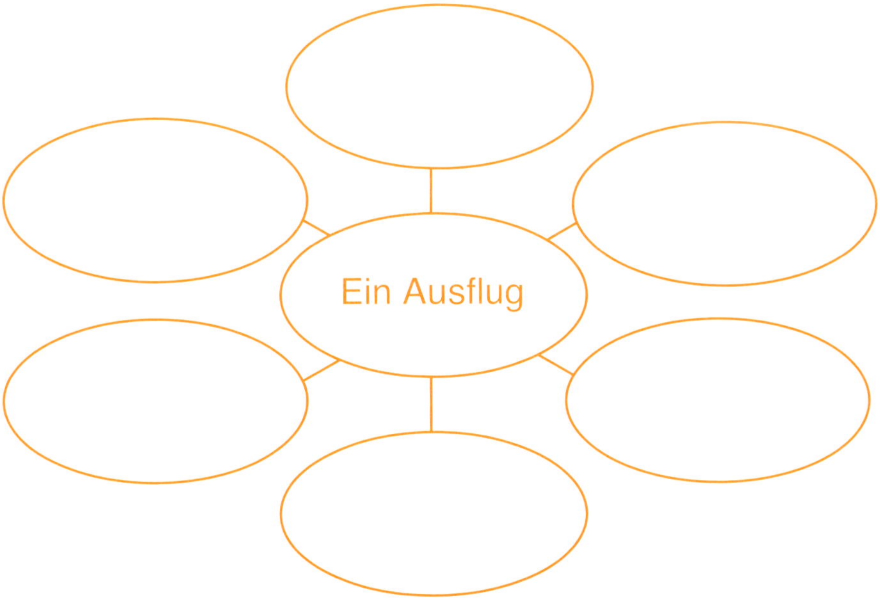

Übung 2

Male die Sätze, die zusammengehören, in der gleichen Farbe an.

Die zweite Halbzeit läuft.

Mein Wunsch ging in Erfüllung!

1:3 gegen die Heideschule.

Ich schieße das erste Tor.

Ein Hund lag im Körbchen.

Ich nannte ihn Leica.

Übung 3

Die Sätze der Geschichte sind durcheinandergeraten. Nummeriere sie in der richtigen Reihenfolge und schreibe sie geordnet auf.

__ Wir gingen durch den Wald.

__ Gestern durfte ich mit Strolchie spazieren gehen.

__ Sie verfolgten uns die ganze Zeit.

__ Das ist der Hund meiner Oma.

__ Darum lief ich schnell zu meiner Oma zurück.

__ Ich bekam furchtbare Angst.

__ Plötzlich kamen zwei Jungen hinter uns her.

____

____

____

____

____

____

____

____

Übung 4

Lea war mit ihrer Klasse auf Klassenfahrt. Nun möchte sie ihre Erlebnisse aufschreiben. Viele Gedanken gehen Lea durch den Kopf. Ordne die Gedanken und schreibe sie in einer sinnvollen Reihenfolge auf.

mit Lara, Luise und Anna in einem Zimmer – plötzlich ein Geräusch – nachts – lautes Lachen – Klassenfahrt in die Jugendherberge – Mitternachtsparty in unserem Zimmer – alles war dunkel – zwei Geister im Zimmer – Anna schrie – ich sprang aus dem Bett – Angst – es war nur ein Betttuch – Ole und Tom hatten sich verkleidet

Übung 5

Beantworte die Fragen zu Leas Geschichte. Du kannst die Stichworte von Übung 4 zu Hilfe nehmen.

Wann und wo begann alles?

____

Wer war dabei?

____

Was passierte?

____

____

Welche Gefühle löste es aus?

____

Wie löste sich alles auf?

____

____

Was geschah am Ende?

____

Die Einleitung

Jede Geschichte beginnt mit einer Einleitung. Der Leser erfährt darin, wo und wann die Geschichte spielt und wer die Hauptpersonen sind.
Eine Einleitung sollte kurz sein und neugierig machen.

Übung 6

Lies dir die folgenden Einleitungen durch. Kreuze diejenigen an, die du besonders spannend findest.

☐ a) Gestern waren meine Freundin Mona und ich im Wald. Da kam ein Gewitter. Wir hatten Angst.

☐ b) Gestern gingen meine Freundin Mona und ich durch den Wald. Wir wollten Blaubeeren pflücken. Plötzlich wurde es ganz dunkel, obwohl es erst 15.00 Uhr war. Dann donnerte es leise.

☐ c) Als mein Freund Leon und ich gestern durch das Kaufhaus bummelten, fiel uns ein Mann auf. Er ging immer wieder durch die Abteilung, kaufte aber nichts. Dabei schaute er sich ständig um.

☐ d) Gestern waren Leon und ich im Kaufhaus. Da war ein komischer Mann. Der wollte bestimmt etwas stehlen. Leon und ich beobachteten ihn.

Übung 7

Lies dir den folgenden Teil einer Geschichte durch. Schreibe dann eine passende Einleitung dazu.

Mit klopfendem Herzen starrte ich über den Rand des Dreimeterbretts in das Schwimmbecken. Ob ich es wagen sollte, zu springen? Das Becken sah so klein aus …

Übung 8

Lies dir den folgenden Teil einer Geschichte durch. Schreibe dann eine passende Einleitung dazu.

Moritz klammerte sich an seine Luftmatratze. Ängstlich blickte er über den Rand und schaute sich nach allen Seiten um. Nichts als Wasser war zu sehen. Wasser und Wellen, so weit das Auge reichte. Moritz kroch eine Gänsehaut über den Rücken. Er trieb tatsächlich mutterseelenallein über die Nordsee …

Der Hauptteil

Im Hauptteil einer Geschichte wird ausführlich erzählt, was geschieht.
Schreibe **anschaulich** und **abwechslungsreich:**
- Verwende treffende Verben und Adjektive.
- Beschreibe Gefühle und Gedanken der Personen.
- Erzähle in wörtlicher Rede, was die Personen sagen oder fühlen.
- Achte auf Abwechslung bei den Satzanfängen (dann, plötzlich, schließlich …).
- Bilde mal kürzere, mal längere Sätze.

Außerdem sollte im Hauptteil die **Spannung** Schritt für Schritt bis zum Höhepunkt aufgebaut werden.

Übung 9

Lies die folgenden Begriffe. Unterstreiche die Wörter, die eine traurige Stimmung ausdrücken, und kreise die Wörter ein, die eine fröhliche Stimmung ausdrücken.

lachen unglücklich schluchzen fröhlich

weinend hüpfend begeistert Unglück

vergnügt Glückspilz Niete Hauptgewinn

niedergeschlagen kichern bedrückt

Pechvogel

Übung 10

Lies den Hauptteil der Geschichte. Setze dann in die Lücken treffende Adjektive ein. Die Wörter aus dem Kasten kannst du verwenden.

Moritz klammerte sich an seine Luftmatratze. Er blickte ________________ über den Rand und schaute sich ________________ nach allen Seiten um. Nichts als ________________ Wasser war zu sehen. ________________ Wasser und Wellen, so weit das Auge reichte. Moritz kroch eine Gänsehaut über den Rücken. Er trieb tatsächlich ________________ über die Nordsee. Wie war das möglich? Er versuchte, einen ________________ Gedanken zu fassen. Doch da kam eine ________________ Welle auf ihn zu.

mutterseelenallein	ängstlich	klaren	
schäumendes	vorsichtig	endloses	riesige

Übung 11

Lies die Geschichte und füge wörtliche Rede in die Lücken ein.

Aufgeschreckt

Mia wachte mitten in der Nacht auf. Was war passiert? Plong, machte es. Dann flog ein zweites Steinchen gegen ihr Fenster. Ängstlich schlich Mia zu ihrer Schwester hinüber und fasste sie an den Arm. „Jana“,

flüsterte sie leise, „________________________!“ Jana

schreckte hoch. „________________________________“,

wollte sie wissen. „________________________________

____“,

erklärte Mia. Sofort richtete sich Jana auf. „__________

____

__________________________“, schlug sie vor.

Übung 12

Wie könnte die Geschichte weitergehen? Schreibe eine kurze Fortsetzung.

____

____

Der Schluss

Durch den Schluss erfährt der Leser, wie die Geschichte ausgeht. Die Spannung wird aufgelöst. Wie die Einleitung besteht auch der Schluss nur aus wenigen Sätzen. Manchmal reicht auch ein einziger Schlusssatz.

Übung 13

Kreuze die Sätze an, die der Schluss einer Geschichte sind.

- ☐ a) Glücklich lief ich nach Hause.
- ☐ b) Das stimmt doch gar nicht.
- ☐ c) Es war ein schöner Sommertag.
- ☐ d) Und dann merkte ich, dass alles nur ein Traum war.
- ☐ e) Plötzlich ging die Tür auf.
- ☐ f) Alle waren froh, dass sie heil aus der Sache herausgekommen waren.
- ☐ g) Als ich um die Ecke bog, sah ich, dass mein Fahrrad verbeult worden war.

Übung 14

Lies noch einmal die Geschichte aus Übung 10. Überlege dir einen Schluss zu der Geschichte. Die Fragen können dir helfen. Schreibe dann deinen Schluss auf.

Eine Welle kommt auf Moritz zu.
Wie verhält Moritz sich?

____

Was hat die Welle verursacht?

____

Wie gelingt es Moritz, auf sich aufmerksam zu machen?

____

____

Wie wird Moritz gerettet?

____

____

Persönlicher Schluss:

____

____

____

____

____

Übung 15

Schreibe eine Geschichte auf, die du erlebt hast. Mach dir zunächst einen Plan. Schreibe das Thema in die Mitte und notiere außen, was sich ereignet hat.

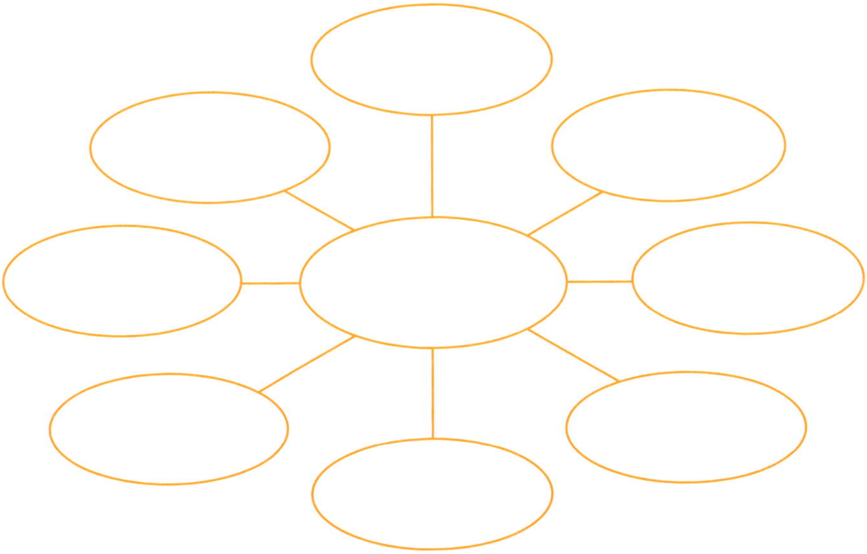

Übung 16

Schreibe nun deine Geschichte in der richtigen Reihenfolge in deinem Übungsheft auf. Vergiss die Überschrift nicht!

2.2 Bildergeschichte

Eine Geschichte zu Bildern erzählen

Bei einer Bildergeschichte werden verschiedene Bilder vorgegeben, zu denen du eine Geschichte erfinden sollst.
Betrachte die Bilder genau und beantworte die Fragen: Wo spielt die Geschichte? Welche Personen kommen vor? Was passiert?
Schreibe dann die Geschichte auf. Erzähle dabei auch, was zwischen den Bildern passiert.

Übung 17

Schau dir das Bild an. Gib den beiden Mädchen Namen. Schreibe auf, was auf dem Bild passiert.

Übung 18

Schau dir die Bilder an. Schreibe dann eine Geschichte dazu auf.

Übung 19

Lies den folgenden Aufsatz. Schau dir dann das Bild an und schreibe die Geschichte weiter.

Verzweifelte Suche

Gestern war ein aufregender Tag. Meine Eltern und ich gingen mit unserem Hund Felix spazieren. Gleich hinter der Kirche beginnt der Feldweg. Dort machte ich Felix von der Leine los. Eigentlich bleibt er immer bei Fuß. Doch dieses Mal war alles anders.
In der Ferne hörten wir plötzlich einen Knall. Felix zuckte zusammen. Und dann rannte er los, so schnell er konnte.

2.3 Nacherzählung

Eine Geschichte nacherzählen

Bei einer Nacherzählung gibt man den Inhalt der Geschichte in eigenen Worten wieder. Dabei muss die Reihenfolge eingehalten werden und die Geschichte soll spannend und anschaulich erzählt werden.

Übung 20

Lies die folgende Geschichte. Unterstreiche die einzelnen Teile: Einleitung, Hauptteil und Schluss.

Zwei Freunde und ein Bär

Zwei Freunde versprachen sich, immer füreinander da zu sein, wenn sie in Not gerieten. Dann machten sie sich gemeinsam auf eine lange Wanderung. Unterwegs begegnete ihnen ein Bär. Der eine Freund ergriff die Zweige eines Baumes und zog sich hinauf. Der andere wusste nicht, was er machen sollte. In seiner Not legte er sich auf den Boden und stellte sich tot. Er hatte gelernt, dass Bären einen Toten nicht anrühren. Der Bär umschlich ihn, schnüffelte an ihm herum und leckte die bewegungslose Gestalt am Ohr. Schließlich ging er davon.

Nun kam der andere vom Baum heruntergeklettert. „Was hat der Bär dir zugeflüstert?“, wollte er wissen. „Er hat mir geraten, mich nicht mit falschen Freunden einzulassen“, antwortete der andere. (nach Aesop)

Übung 21

Beantworte die folgenden Fragen zur Geschichte aus Übung 20.

Was passiert am Anfang?

____

Wer begegnet ihnen?

____

Wie verhält sich der eine Mann?

____

Wie verhält sich der andere Mann?

____

Was macht der Bär?

____

Wann kommt der eine vom Baum herunter?

____

Was will er von seinem Freund wissen?

____

Was antwortet ihm der Freund?

____

Schreibe nun mithilfe der Antworten eine Nacherzählung zur Geschichte in dein Übungsheft.

2.4 Reizwortgeschichte

Eine Reizwortgeschichte schreiben

Bei einer Reizwortgeschichte werden Wörter vorgegeben, zu denen man eine möglichst spannende und unterhaltsame Geschichte schreiben soll. Die Wörter müssen in der Geschichte vorkommen.

Übung 22

Mach einen Plan zu einer Reizwortgeschichte, indem du die Tabelle mit Stichworten füllst. Die Reizwörter heißen: Spielplatz – Hund – Hilfe.

Wie begann es?	
Was kam dann?	
Wie endete es?	

Schreibe die Reizwortgeschichte in dein Übungsheft.

Übung 23

Lies die folgende Reizwortgeschichte zu den Reizwörtern Zoo – Affe – Schreck. Was fällt dir auf?

Diebstahl im Zoo

Gestern ging ich mit meinen Eltern in den Zoo. Da war es sehr lustig. Da kaufte mir meine Mutter ein Eis. Dann waren wir bei den Affen. Da kam ein Affe an das Gitter. Dann riss er mir das Eis aus der Hand. Da bekam ich einen großen Schreck.

Übung 24

Sammle hier für die Sätze in Übung 23 mögliche andere Satzanfänge. Schreibe dann die Geschichte verbessert in dein Übungsheft.

Übung 25

Unterstreiche in der Geschichte die Reizwörter: Reiterhof – Pferd – stürzen. Wähle passende Satzanfänge und setze sie in die Lücken ein.

Glück gehabt!

Heute durfte ich zum ersten Mal mit meiner Freundin Janne zu einem Reiterhof gehen.

_______________ zeigte mir Janne die Pferdeställe.

_______________ sattelten wir die Pferde. Mein Pferd hieß Buran und es war sehr lieb. _______________ war ich sehr aufgeregt, als ich es in die Reithalle führte.

_______________ stieg ich auf und ritt hinter den anderen her im Kreis. _______________ machte Buran einen Satz nach vorne. Ich bekam einen Schreck, verlor die Zügel und stürzte in die weichen Holzspäne. _______________ ich hatte mir nicht wehgetan.

_______________ saßen wir noch gemütlich zusammen. „Wenn man fällt, muss man schnell wieder aufsteigen“, sagte die Reitlehrerin.

Übung 26

Schreibe eine Reizwortgeschichte. Verwende folgende Reizwörter: Garten – Fußball – Scherben. Gehe Schritt für Schritt vor, wie unten angegeben.

Beschreibe, wie ihr euch zum Fußballspielen trefft:

Erzähle, wie das Spiel verläuft:

Schildere nun, wie der Ball in ein Fenster fliegt:

Beschreibe, wie die Geschichte ausgeht:

2.5 Erlebniserzählung

Eine Erlebniserzählung schreiben

Bei einer Erlebniserzählung erzählt man etwas, das man selbst erlebt hat oder erlebt haben könnte. Dieses Erlebnis muss möglichst spannend und in der richtigen Reihenfolge wiedergegeben werden. Schreibe in der Vergangenheit.

Übung 27

Sammle Ideen für das Thema. Schreibe die Geschichte in Stichworten auf.

Übung 28

Lies die folgende Erlebniserzählung und unterstreiche alle Verben. Setze die Verben, die nicht zu wörtlicher Rede gehören, in die Vergangenheit und schreibe sie am Rand auf.

Zu spät!

Wie jeden Tag gehe ich um 8.00 Uhr zur Schule. In der Bahnhofsstraße treffe ich meine Freundin Marie. Sie spielt mit ihrem Hund Benno im Garten. „Komm doch auch", ruft sie. Da klettere ich über die Mauer in ihren Garten. Wir spielen mit Benno. Das macht großen Spaß. Plötzlich höre ich unsere Schulglocke. „Himmel!", rufe ich, „ich muss doch zur Schule." Dann renne ich schnell zur Schule. Alle sitzen schon in der Klasse. Zum Glück kommt die Lehrerin aber ein bisschen später.

Übung 29

Schreibe die Geschichte von Übung 28 in der Vergangenheitsform in deinem Übungsheft auf.

Übung 30

Lies die Erlebniserzählung und füge wörtliche Rede ein.

Hilfe, ein Banküberfall!

Mein Sparschwein war so schwer, dass ich es kaum tragen konnte. Also beschloss ich, damit zur Bank zu gehen und das Geld auf meinem Konto einzuzahlen. Gerade war ich am Schalter angekommen, da wurde die Tür aufgerissen. Zwei Männer mit einer Waffe in

der Hand stürmten in den Raum. „____________________

____“, schrie der eine.

„____“, brüllte der andere. Ich ließ mich sofort auf den Boden fallen. Die anderen machten es auch.

Plötzlich hörten wir die Sirene eines Polizeiautos.

„____“, rief der eine

Bankräuber. „______________________________________“, erwiderte der andere. Aber sie kamen nicht weit. Draußen liefen sie der Polizei direkt in die Arme.

„____“, flüsterte mir

die Kassiererin zu. „______________________________“, gab ich zurück.

Übung 31

Verbinde die kurzen Sätze mit „und“ oder „darum“.

Wir hatten keine Hausaufgaben auf. Ich ging ins Schwimmbad.

Ich rannte auf das Becken zu. Ich sprang hinein.

Übung 32

Bilde aus den langen Sätzen jeweils zwei kurze Sätze.

Ich traf Jakob im Schwimmbad, und wir setzten uns auf meiner Decke in die Sonne und spielten Karten.

Als wir Hunger bekamen, gingen wir zu der Imbissbude hinüber, und wir kauften Pommes mit Mayo und tranken dazu eine Cola.

Übung 33

Schau dir die Höhle an. Was ist geschehen? Und was passiert jetzt? Schreibe einige Sätze dazu auf.

Übung 34

Schreibe auf, was die Mädchen fühlen.

Die Mädchen haben große Angst. Ihre Zähne klappern.

Übung 35

Schreibe die Geschichte in deinem Übungsheft weiter. Schreibe spannend, indem du abwechselnd das Geschehen erzählst und die Gefühle beschreibst. Ergänze auch einen passenden Schluss.

Höhlenabenteuer

Dieses Jahr ging der Schulausflug der 4a in eine Tropfsteinhöhle. Ihr Lehrer Herr Stein mahnte, dass alle zusammenbleiben sollen. Aber Lea und Annika wollten die Höhle lieber selbstständig erkunden. Die Mädchen liefen durch mehrere Gänge. Als sie in die Höhle zurückkamen, waren alle weg und der Ausgang war verschlossen. Lea und Annika waren gefangen. Draußen wurde es dunkel. Plötzlich hörten sie ein Geräusch. Quack – quack, machte es. Wie eine Kröte hörte es sich an. Leas Herz klopfte und Annika …

2.6 Fantasiegeschichte

Eine Fantasiegeschichte schreiben

Bei einer Fantasiegeschichte denkst du dir ein Geschehen aus, in dem Märchen- oder Fantasiefiguren eine Rolle spielen. Die Geschichte spielt in einer Welt, die es nicht gibt.

Übung 36

Schreibe in das Kästchen ein E, wenn es ein Satz aus einer Erlebniserzählung ist. Schreibe ein F, wenn es ein Satz aus einer Fantasiegeschichte ist.

☐ Noch nie war ich einem Einhorn so nahe gewesen.

☐ Ich fiel meinem Großvater um den Hals.

☐ Ich nahm meinen Rucksack und lief los.

☐ Die kleine Elfe sah mich an und lächelte.

☐ Da landete das Ufo direkt vor meinen Füßen.

☐ Mit einem Sprung war ich im Wasser.

☐ Jeden Nachmittag trainierte Peter auf dem Eis.

Übung 37

Welche Fantasiefiguren kennst du? Schreibe sie auf.

Übung 38

Schau dir die Fantasiefigur genau an. Gib der Figur einen Namen. Erfinde dann eine kurze Geschichte über sie und schreibe diese auf.

Übung 39

Erarbeite nun in folgenden Schritten eine Fantasiegeschichte.

Entscheide dich für eine Hauptfigur:

____

Gib der Figur einen Namen:

____

Statte die Figur mit besonderen Eigenschaften aus.

Sie kann ☐ fliegen ☐ schwimmen ☐ zaubern

Male die Figur:

Gib der Figur Freunde. Male sie und erfinde Namen für sie.

Erfinde einen Gegenspieler, der die Figur bedroht:

Es handelt sich um ______________________________

Er kann ______________________________

Gib der Figur einen Auftrag, mit dem sie das Böse besiegen kann:

☐ Sie soll einen Ring finden.
☐ Sie soll einen Schatz suchen.
☐ Sie soll ein Ungeheuer besiegen.

☐ Sie soll ______________________________

Mach dir nun einen Plan zu deiner Geschichte.
Schreibe die einzelnen Handlungsschritte kurz auf.

____

____

____

____

____

Schreibe deine Geschichte in dein Übungsheft.

Berichten

Über ein Ereignis berichten

Einen Bericht über ein Ereignis verfasst man sachlich und kurz. Es kommen keine Gefühle oder eigenen Meinungen vor. Der Bericht muss Antworten auf folgende Fragen geben:
Wann ist es passiert?
Wo ist es geschehen?
Wer war dabei?
Was ist geschehen?
Warum ist es passiert?
Welche Folgen hatte es?
Achte auf genaue Angaben (z. B. des Ortes und der Zeit).
Ein Bericht wird in der Vergangenheitsform geschrieben.

Übung 1

Kreuze die Sätze an, die in einen Bericht gehören.

- ☐ Ich war total traurig.
- ☐ Der Unfall ereignete sich um 15.30 Uhr.
- ☐ So ein schlechtes Wetter!
- ☐ Die Polizei traf sofort ein.
- ☐ Nie hätte er gedacht, dass so etwas passiert.
- ☐ Ein Krankenwagen wurde gerufen.
- ☐ Susi ist immer gleich beleidigt.
- ☐ Die Schuld an dem Unfall ist nicht geklärt.

Übung 2

Verbinde die Aussage mit der passenden Frage.

beim Völkerball verletzt	Wer?
zwei Schüler der Klasse 2	Was passierte?
Sie stießen mit den Köpfen zusammen, weil sie versuchten, den Ball zu fangen.	Wann?
in der zweiten Stunde	Wo?
in der Sporthalle	Mit welchen Folgen?
beide Schüler haben eine Platzwunde	Warum?

Schreibe einen Bericht in dein Übungsheft.

Übung 3

Die Bank an der Hauptstraße wurde überfallen. Ein Zeuge erzählt. Unterstreiche alle wichtigen Aussagen, die in einen Bericht über das Ereignis gehören.

„Also, das war ja wohl ein Chaos. Ich wollte nur Geld abheben. Es war doch der 1. März. Da kriege ich immer mein Gehalt. Also gehe ich gegen 15.00 Uhr über den Parkplatz an der Hauptstraße, und da fällt mir so ein weißes Auto auf. Ein Geländewagen. Ich gucke immer mal auf das Kennzeichen, da hat der doch das Kennzeichen K-PS 224. PS wie mein Name Piet Schreiner. Im Auto saß ein Mann hinter dem Steuer. Naja, ich dann weiter zur Bank, hatte gerade die Tür in der Hand und wollte reingehen, da knallt mir einer von innen fast die Tür an den Kopf. Und dann rennen zwei Typen aus der Bank. Beide hatten so eine Maske auf. ‚Überfall!', ruft die Frau von der Kasse. Naja, da habe ich sofort mein Handy rausgeholt und schnell die Polizei angerufen. Aber da waren die Gangster schon längst über alle Berge."

Übung 4

Beantworte zunächst die folgenden Fragen zum Banküberfall (Übung 3). Schreibe dann einen Bericht über das Ereignis in dein Übungsheft.

Wann passierte der Überfall?

____

Wo passierte der Überfall?

____

Wer verursachte den Überfall?

____

Wer war Zeuge?

____

Wie geschah es?

____

____

Wie endete alles?

____

____

Übung 5

Lies den folgenden Bericht. Unterstreiche die Verben. Was fällt dir auf?

An der Goethestraße Ecke Schillerstraße ereignet sich ein Unfall. Gegen 15.30 Uhr kommt ein BMW die Goethestraße entlang. Zur gleichen Zeit fährt ein VW aus der Schillerstraße heraus. Der Fahrer des VWs beachtet die Vorfahrt nicht. Er fährt in die Seite des BMWs und verschuldet damit den Unfall. An beiden Autos entsteht Totalschaden.

Das fällt mir auf:

____

Übung 6

Setze die in Übung 5 unterstrichenen Verben in die Vergangenheitsform.

ereignet – ereignete

kommt – kam

fährt – ____________

beachtet – ____________

verschuldet – ____________

entsteht – ____________

Schreibe den verbesserten Bericht in dein Übungsheft.

Übung 7

Katharina hat einen Bericht über ein Fußballspiel geschrieben. Streiche die Sätze durch, die nicht in einen Bericht gehören.

Gestern fand im neuen Stadion das Fußballspiel FC Gremberg gegen Fortuna Dinkelsbach statt. Papa und ich waren ganz aufgeregt. Die Stimmung war total gut. Schon nach einer Viertelstunde fiel das erste Tor für den FC Gremberg. Zur Halbzeit stand es dann 2 : 0. Wir jubelten bereits und feierten unseren Sieg. Doch dann holte die Fortuna auf. In der 52. Minute fiel das erste Tor für den Gegner und am Ende stand es 2 : 2. Trotzdem waren wir alle zufrieden. „Das hätte schlimmer ausgehen können“, sagte Papa. Das Spiel endete um 15.00 Uhr.

Übung 8

Sortiere die Informationen. Schreibe bei jeder Zeile dazu, welche W-Frage damit beantwortet wird.

große Pause ______________________

Der Lehrer ermahnt. ______________________

Familie Trüg wird benachrichtigt. ______________________

Astrid-Lindgren-Schule ______________________

Oliver Trüg verlässt das Schulgelände. ______________________

Streit auf dem Schulhof ______________________

Drei Schüler streiten sich beim Völkerballspiel. ______________________

21. Mai, 9.45 Uhr ______________________

Oliver erhält einen Klassenbucheintrag. ______________________

Die Pausenaufsicht greift ein. ______________________

Oliver zeigt sich uneinsichtig. ______________________

Schlägerei zwischen Oliver Trüg und Kai Meite ______________________

Übung 9

Schreibe mit den Informationen aus Übung 8 einen vollständigen Bericht in dein Übungsheft.

Übung 10

Welche Wörter gehören nicht in einen Bericht? Streiche sie durch.

plötzlich – auf einmal – danach – total aufgeregt – hammerhart – erst jetzt – trotzdem – Zeuge – ich schwöre – Personenschaden – wahnsinnig

Übung 11

Zeit- oder Ortsangabe? Ordne zu.

- am Montag
- am späten Nachmittag
- im Wald
- im Bürgerpark
- um 17.00 Uhr
- am Hinterausgang des Cafés
- auf dem Bolzplatz
- zwanzig Minuten später
- bald

Zeit

Ort

3. KLASSE

Übung 12

Bei einem Bericht kommt es oft auf den ersten Satz an. Er muss die wichtigsten Informationen enthalten. Schreibe zu folgendem Bericht einen ersten Satz.

Es war der 6. Februar abends gegen 22 Uhr. Über der kleinen Stadt Lemgo ging ein starkes Unwetter nieder. Häuser wurden abgedeckt. Bäume fielen um. Zahlreiche Autos wurden davon getroffen und beschädigt. Menschen kamen nicht zu Schaden.

Übung 13

Schau dir das Bild an. Schreibe den ersten Satz eines Berichts über das Ereignis. Denke dir ein Datum und eine Uhrzeit aus.

Übung 14

Schau dir das Bild an. Was ist passiert? Vervollständige den Bericht.

Am 9. Juni hatte die Rockband „The Hopes" auf dem Open-Air-Festival ihren Auftritt. Fast 20 000 Fans waren gekommen, um die Band zu hören. Doch kurz vor dem Auftritt zog ein starkes Gewitter auf. Regen prasselte auf die Zuschauer nieder und es donnerte.

Übung 15

Lies den Bericht. Streiche alle unsachlichen Ausdrücke durch.

Die tolle Sängerin Lily Lovely wurde seit zwei Jahren von einer heimtückischen Stalkerin bedroht. Immer wieder belästigte die unbekannte Frau Lily durch gemeine und unverschämte Drohanrufe. Nun entschied das Gericht, dass die bescheuerte Stalkerin 150 Meter Abstand vom Star halten muss. Hoffentlich macht sie das auch.

Übung 16

Welcher Schlusssatz gehört in einen Bericht (B), welcher in eine Erzählung (E)?

- ☐ Am Auto entstand hoher Sachschaden.
- ☐ Hinweise zur Ergreifung des Täters sollen der nächsten Polizeidienststelle gemeldet werden.
- ☐ Und wenn sie nicht gestorben sind, so leben sie noch heute.
- ☐ Das mache ich nie wieder.
- ☐ Der Mann wurde dem Haftrichter vorgeführt.
- ☐ Da war ich froh, dass alles nur ein Traum war.

4 Beschreiben

4.1 Personenbeschreibung

Eine Personenbeschreibung anfertigen

Bei einer Personenbeschreibung muss das Aussehen der Person genau beschrieben werden (äußere Merkmale). Aber auch ihre Besonderheiten und Eigenschaften müssen genannt werden (innere Merkmale). Treffende Nomen und Adjektive helfen dabei, genau zu beschreiben. Eine Beschreibung wird in der Gegenwartsform verfasst.

Übung 1

Welche Adjektive passen zu den Nomen? Verbinde.

	groß
	klein
Gesicht	blau
Haare	schmal
Ohren	abstehend
Nase	breit
Augen	krumm
Mund	rund
	lang
	lockig

Übung 2

Betrachte dich im Spiegel. Finde passende Adjektive für dein Gesicht.

Gesichtsform: ______________________________

Haare: ______________________________

Nase: ______________________________

Augen: ______________________________

Mund: ______________________________

Ohren: ______________________________

Übung 3

Beschreibe dein Gesicht in vollständigen Sätzen.

____

____

____

____

____

____

Übung 4

Auch Begabungen, Hobbys oder Charaktereigenschaften sind wichtig für die Beschreibung einer Person. Beschreibe deine Besonderheiten. Schreibe vollständige Sätze.

Das kann ich besonders gut:

____

____

Das kann ich gar nicht:

____

____

Diese Hobbys habe ich:

____

____

Meine Freunde mögen an mir:

____

Deswegen schimpfen meine Eltern immer wieder mit mir:

____

Übung 5

Pauls Familie hat einen neuen Nachbarn bekommen.
Paul beschreibt ihn seinen Freunden. Setze die Beschreibung fort.

„Der neue Nachbar heißt Peter Stemmer und ist 42 Jahre alt.

Auf den ersten Blick sieht er ein bisschen streng aus, denn

Übung 6

Saskia und Nele spielen das Spiel „Wer bin ich?“. Saskia hat einen Text zu einer Person geschrieben, die Nele erraten muss. Lies den Text und versuche, die Person zu erraten.

Ich bin ein Junge. Ich bin zehn Jahre alt. Ich bin eine Zeichentrickfigur. Ich bin frech und lustig.
Und so sehe ich aus: Ich habe blonde Haare, die weit vom Kopf abstehen. Ich habe große runde Augen. Ich habe außerdem eine Stupsnase und kleine Ohren. Übrigens habe ich auch eine große Klappe.

Wer bin ich?

B _ R _   S I M _ S _ _

Was ist an Saskias Beschreibung gelungen?

____

____

Was ist nicht gelungen?

____

____

____

Übung 7

Überarbeite Schritt für Schritt Saskias Beschreibung aus Übung 6. Stelle die Sätze so um, dass sie nicht alle gleich klingen, und verwende abwechslungsreiche Verben.

Ich bin ein Junge. Ich bin zehn Jahre alt. Ich bin eine Zeichentrickfigur. Ich bin frech und lustig.

Ich habe blonde Haare, die weit vom Kopf abstehen. Ich habe große runde Augen. Ich habe außerdem eine Stupsnase und kleine Ohren. Übrigens habe ich auch eine große Klappe.

Übung 8

Lies den Text. Unterstreiche Pascals Verhaltensweisen.

Eigentlich war Pascal immer ein stiller Junge. Wenn er von seinen Klassenkameraden geärgert wurde, wehrte er sich nicht. Er ließ den Kopf hängen und verließ den Klassenraum, ohne zu sprechen.
Eines Tages warf Elias Pascal beim Völkerball absichtlich einen Ball an den Kopf. Die Mitschüler lachten. Pascals Gesicht wurde rot. Plötzlich rannte er zu Elias, packte ihn und rüttelte ihn. Dann schrie er ihn an. Das war Elias eine Lehre.

Übung 9

Beantworte die folgenden Fragen zum Text aus Übung 8.

Welche Eigenschaften hat Pascal eigentlich?

____

Wie verhält er sich normalerweise, wenn er geärgert wird?

____

Was macht Pascal, als Elias ihn ärgert?

____

____

Übung 10

Unterstreiche die äußeren Merkmale einer Person, kreise die inneren Merkmale ein.

blond	wütend	lustig	klein
dick	schlau	schwarzhaarig	mager

Übung 11

Beschreibe das Aussehen, die Eigenschaften und Verhaltensweisen deiner Freundin oder deines Freundes in Stichworten.

Figur: ______________________________

Gesicht: ______________________________

____

Haare: ______________________________

Typische Eigenschaften: ______________________________

____

Verhaltensweisen: ______________________________

____

____

Schreibe anhand der Stichworte eine Personenbeschreibung in dein Übungsheft.

Übung 12

Manchmal kann man Sätze interessanter gestalten, wenn man aus zwei Sätzen einen Satz macht.

Beispiel:

Nele hat blaue Augen. Ihre Augen sind groß und rund.
Neles blaue Augen sind groß und rund.

Steffi hat ein schmales Gesicht. Das Gesicht ist blass.

Steffis schmales Gesicht ______________________

Felix' Haare sind lockig. Sie sind schulterlang.

Felix' ______________________

Lilly spielt gern Fußball. Lilly spielt gern Völkerball.

Lilly ______________________

Jakob mag Hunde. Jakob mag Pferde.

____

Samira bestellt Spaghetti. Samira bestellt eine Cola.

____

____

Übung 13

Jonas beschreibt sich. Verbessere die Beschreibung, indem du die Sätze zusammenfasst.

Ich heiße Jonas. Ich bin zehn Jahre alt.

____

Ich bin groß. Ich bin auch sehr sportlich.

____

Meine Augen sind blau. Sie sind groß und rund.

____

Meine Nase ist sehr groß. Sie ist auch krumm.

____

Mein Mund ist groß. Meine Lippen sind schmal.

____

Meine Haare sind lockig. Meine Haare sind kurz.

____

Übung 14

Jonas beginnt seine Sätze immer mit dem Subjekt. Verändere den folgenden Satz, indem du ihn umstellst.

Ich esse am liebsten Pizza Salami mit ganz viel Käse.

____

Übung 15

Lies die Personenbeschreibung. Stelle die Sätze so um, dass die unterstrichenen Wörter am Anfang stehen. Schreibe die veränderte Personenbeschreibung in dein Übungsheft.

Ich heiße Kimiyo und bin zehn Jahre alt.
Ich bin sehr klein, wie viele Japaner.
Ich sehe noch aus wie ein Kindergartenkind, sagen viele aus meiner Klasse.
Ich bin aber ziemlich kräftig und auch sehr sportlich.
Ich werde von vielen aus meiner Klasse in die Völkerballmannschaft gewählt.
Ich habe schwarze Haare und schwarze Augen.
Ich habe außerdem eine Stupsnase und schmale Lippen.
Ich kann gut Kwlavier spielen, weil ich schon früh Musikunterricht hatte.
Ich bin darauf besonders stolz.
Ich spiele in meiner Freizeit Fußball.
Ich möchte gerne Profifußballerin werden.
Ich bin aber leider derzeit dazu zu klein.

4.2 Gegenstandsbeschreibung

Eine Gegenstandsbeschreibung anfertigen

Eine Gegenstandsbeschreibung muss man sachlich schreiben. Man beschreibt Größe, Farbe und Material des Gegenstands und was man damit machen kann. Treffende Adjektive und genaue Nomen und Verben sind wichtig für eine Gegenstandsbeschreibung. Schreibe in der Gegenwartsform.

Übung 16

Verbinde die Gegenstände mit den passenden Adjektiven.

	weich
	durchsichtig
Lampe	hell
Brei	heiß
Fenster	hart
Rinde	kuschelig
Watte	rau
Tisch	weiß
Sessel	groß
	gemütlich
	glatt

Übung 17

Der Dachs besitzt ein ganz besonderes Möbelstück. Lies den Lückentext und fülle die Lücken. Die Wörter im Kasten helfen dir dabei.

Das Möbelstück ist eine ______________________ .

Sie hat die Form wie der ____________________ S.

Der Dachs legt seinen ______________ auf das

Kopfteil. Die ______________ liegen erhöht. Auf

diese Weise kann man sich gut _________________.

Es ist auch möglich, mit dem ____________________

zu schaukeln.

Beine   Buchstabe   entspannen   Kopf Liege   Möbelstück

Übung 18

Lea wohnt in einem Haus an der Hauptstraße. Male das Haus an. Beantworte dann die Fragen.

Welche Farbe hat das Haus? ______________________

Welche Farbe hat das Dach? ______________________

Aus welchem Material ist es? ______________________

Welche Farbe hat die Haustür? ______________________

Welche Form hat die Tür? ______________________

Wie viele Fenster hat das Haus vorne? ______________________

Welche Form haben die Fenster? ______________________

Welche Hausnummer hat das Haus? ______________________

Was befindet sich vor dem Haus? ______________________

Übung 19

Lea beschreibt ihr Haus. Was ist an der Beschreibung gelungen? Was hat Lea vergessen? Betrachte dazu noch einmal die Abbildung in Übung 18.

Wir wohnen in dem weiß verputzten Haus an der Hauptstraße. Es hat die Nummer 46. Das Haus hat vorne eine blaue viereckige Haustür aus Holz und zwei Fenster. Das Dach ist rot. Vor dem Haus befindet sich ein Briefkasten, der auf einem Rohr steht.

An der Beschreibung ist gelungen:

___

Vergessen hat Lea:

___

___

Übung 20

Schreibe die Beschreibung aus Übung 19 verbessert in dein Übungsheft.

4.3 Vorgangsbeschreibung

Eine Vorgangsbeschreibung anfertigen

Eine Vorgangsbeschreibung ist z. B. eine Bastelanleitung oder ein Kochrezept. Sie muss genau und verständlich geschrieben sein. Zähle zuerst auf, was man alles braucht (Material, Zutaten, Werkzeug …). Achte im Anschluss daran auf die richtige Reihenfolge der einzelnen Arbeitsschritte.
Schreibe in der Gegenwartsform. Du kannst die Ich-Form oder die Man-Form wählen.

Übung 21

Lies die Vorgangsbeschreibung und bringe die einzelnen Arbeitsschritte in die richtige Reihenfolge. Nummeriere die Sätze.

Man braucht: 2 Äpfel, 200 g Weintrauben, 2 Apfelsinen, 2 Bananen, Zucker, Rosinen, Schüssel, Messer, Löffel.

- ☐ Ich rühre alles mit einem Löffel um.
- ☐ Danach schäle ich die Apfelsinen und Bananen.
- ☐ Dann serviere ich den Obstsalat.
- ☐ Schließlich gebe ich es in eine Schüssel.
- ☐ Zuerst wasche ich die Äpfel und Weintrauben.
- ☐ Ich schneide das Obst in kleine Stückchen.
- ☐ Nach Bedarf füge ich noch etwas Zucker und Rosinen hinzu.

Übung 22

Suche Wörter für Satzanfänge.

dann, danach, ______________________________

Übung 23

Pia reitet zum ersten Mal. Abends schreibt sie sich alles genau auf. Setze in die Lücken passende Satzanfänge aus dem Kasten ein.

Heute durfte ich zum ersten Mal ein Pferd reiten.

______________ nahm ich das Halfter aus der

Sattelkammer. ______________ ging ich mit der Reit-

lehrerin auf die Wiese, um das Pferd zu holen.

________________ die Reitlehrerin das Pferd

angebunden hatte, durfte ich es putzen. __________

striegelte ich das Pferd. _______________ kratzte ich

mit dem Hufkratzer die Hufe aus. ____________

durfte ich das Pferd satteln und die Trense auflegen.

________ musste der Sattelgurt nachgezogen werden.

anschließend – danach – daraufhin – nachdem – schließlich – zuerst – zuletzt

Übung 24

Eric soll sich nach der Schule allein Spiegeleier braten. Seine Mutter gibt ihm noch ein paar Tipps. Schreibe diese als Vorgangsbeschreibung in dein Übungsheft.

„Das Päckchen mit den Eiern ist im Kühlschrank oben rechts. Außerdem brauchst du die kleine Bratpfanne. Stell die Pfanne auf die Herdplatte und schalte diese an. Pass bloß auf und gehe nicht mit der Hand auf die heiße Platte! Gib etwas Margarine in die Pfanne. Schlage dann ein Ei gegen die Tischkante und halte es schnell über die Pfanne. Öffne nun die Eierschale und gib das Ei in die Pfanne. Wenn du magst, kannst du noch ein zweites oder drittes Ei dazugeben. Dann lässt du die Eier von unten anbraten, bis das Eiweiß fest ist. Nun kannst du die Eier mit dem Pfannenwender aus der Pfanne holen und auf einen Teller geben."

Zum Braten von Spiegeleiern braucht man ...

Übung 25

Tilda muss ihren Bleistift anspitzen. Notiere den Vorgang erst in Stichworten.

Man braucht:

___

Arbeitsschritte:

___

___

___

___

___

Übung 26

Schreibe nun aus den Stichworten in Übung 25 eine ausführliche Vorgangsbeschreibung.

___

___

___

___

___

Übung 27

Rania will Knete selbst herstellen. Sie findet ein Rezept in Stichworten im Internet. Lies die Stichworte und verfasse daraus eine ausführliche Vorgangsbeschreibung.

2 ½ Tassen Mehl
½ Tasse Salz
1 Esslöffel Alaun → verrühren

1 ½ Tassen Wasser
1 Esslöffel Öl → erwärmen
Lebensmittelfarbe → unterrühren

Alles zusammenfügen und kräftig umrühren.

Übung 28

In welche Spalte gehören die einzelnen Arbeitsschritte? Ordne sie in der richtigen Reihenfolge zu.

Vorbereitung	Durchführung	Ergebnis

alles bei 250 °C backen – Liste erstellen – Kuchen in den Ofen schieben – Kuchen anschneiden – einkaufen – den Kuchen genießen – Rezept heraussuchen – Mehl, Zucker, Butter, Eier und Backpulver vermischen – Tisch decken

Informationstexte verfassen

5.1 Sachtext

Einen Sachtext schreiben

Ein Sachtext informiert die Leser über ein bestimmtes Thema.
Er muss sachlich richtig sein und Fachbegriffe enthalten.
Um einen Sachtext schreiben zu können, musst du dich gut über das Thema informieren. Sammle dazu zunächst Informationen und suche dann die wichtigsten heraus. Begriffe, die du nicht verstehst, schlägst du nach.

Übung 1

Kreise ein, wo du Informationen zu einem Thema findest.

Fernsehen	Geschäfte	Zeitschriften	Bücher
Spiele	Internet	Natur	Museen

Übung 2

Schlage die Wörter nach und schreibe eine kurze Erklärung auf.

Turnier: ______________________________

Sage: ______________________________

Zugbrücke: ______________________________

Ritter: ______________________________

Übung 3

Informiere dich im Internet oder in einem Lexikon über das Thema „Steine". Beantworte dann folgende Fragen.

Welche Steine kennst du?

____

____

Wo findest du Steine?

____

____

Übung 4

Lies den Text und unterstreiche die wichtigsten Sätze zum Thema „Die Entstehung von Steinen".

Steine entstehen auf unterschiedliche Weise. Einige bilden sich aus der Lavamasse von Vulkanen. Runde Kieselsteine entstehen im Wasser, indem sich Mineralien mit Luft verbinden. Andere Steine wie Schiefer oder Ton entstehen durch Hitze und großen Druck im Inneren der Erde. Dann gibt es noch Steine wie den Kalkstein, der sich aus den Überresten kleinster Meerestiere bildet.

Übung 5

Lies den folgenden Text. Unterstreiche die wichtigsten Begriffe.

Es gibt viele verschiedene Marder wie zum Beispiel den Baummarder und den Steinmarder.
Der Baummarder wird ungefähr so groß wie eine Katze. Mit seinem lang gestreckten Körper, den kurzen Beinen und dem langen buschigen Schwanz kann er gut klettern. Weil sein Fell sehr weich und dicht ist, wird er von Menschen gejagt.
Sein kleinerer Verwandter, der Steinmarder, dagegen lebt in der Nähe von Siedlungen, wo er für viele Autofahrer eine Plage ist. Zu oft beißt er die Bremskabel der Autos durch.
Marder sind Raubtiere. Sie verspeisen besonders gerne kleine Nagetiere, die sie mit einem kräftigen Biss in den Nacken töten. Außerdem fressen sie Regenwürmer, Vögel, Eier, Früchte und Beeren.
Marder sind nachts aktiv. Sie leben allein und haben feste Reviere. Gerät ein anderer Marder in ihr Revier, kann es zu wütenden Kämpfen kommen. Wird ein Marder angegriffen, versprüht er einen stinkenden Duft. Damit markiert er auch sein Revier.
Weitere Vertreter aus der Familie der Marder sind das Wiesel, der Nerz, der Iltis und der Dachs.

Übung 6

Welche Marder kennst du? Trage sie in die Mindmap ein.

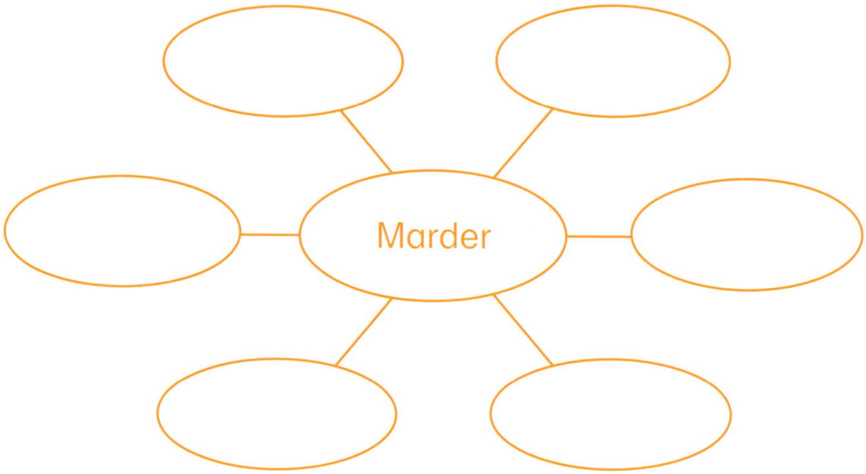

Übung 7

Welche Informationen aus dem Text in Übung 5 gelten für alle Marderarten? Schreibe sie in Stichworten heraus.

Übung 8

Simon schreibt einen Sachtext über Marder. Was fällt dir auf?

Es gibt Steinmarder, Baummarder, Iltisse, Nerze, Wiesel und Dachse.
Der Nerz ist besonders beliebt, weil er ein weiches Fell hat. Jäger töten ihn und verwenden sein Fell für Pelzmäntel. Das finde ich überhaupt nicht gut. Meine Tante Inge hatte einen Nerzmantel, und darum konnte ich sie noch nie leiden.

Mir fällt auf:

____

____

Übung 9

Streiche im Text die Sätze durch, die nicht in einen Sachtext gehören.

Steinmarder leben oft in der Nähe von Siedlungen. Manchmal verstecken sie sich unter Hausdächern und können dort große Schäden anrichten. Wir hatten schon einmal einen Marder unter unserem Dach. Er hat sogar unser Antennenkabel durchgebissen. Da konnten wir nicht mehr fernsehen. War ich sauer!

Übung 10

Mila soll ein Referat über Neandertaler halten. Sie notiert sich viele Begriffe. Verbinde die Begriffe rechts und links jeweils mit dem passenden Begriff in der Mitte.

Familiengruppen		Nähe von Flüssen
Höhlen	Nahrung	Beeren
Tierfallen	Lebensweise	Speere
Fleisch braten	Jagd	Nomaden
Zelte	Behausung	Kräuter
Höhlenmalerei		getrocknetes Fleisch

Übung 11

Schreibe in Stichworten auf, was dir zum Thema „Neandertaler“ einfällt.

Übung 12

Vervollständige den Sachtext, indem du die Lücken füllst.

Die Neandertaler lebten mit ihren Familiengruppen

in ____________________. Diese bestanden oft aus

verschiedenen Räumen und Gängen und verliefen tief in den Berg hinein.
Die Höhlen wurden so ausgewählt, dass sie in der

Nähe _________________________________. In diesen

Höhlen hatten die Menschen alles, was sie zum Leben brauchten. Sie schliefen auf Holzschlafstätten, die mit Stroh, Moos und Fellen ausgestattet waren. Ihre Vorräte lagerten sie in kühleren Nebenhöhlen.

Die Vorräte bestanden aus __________________________

____.

Die Neandertaler gingen auf die Jagd. Sie folgten den

Tierherden, jagten sie mit _______________________ und

bauten auch _____________________________.

Im Frühling verließen die Neandertaler ihre Höhle und zogen mit den Tieren weiter. Dann lebten sie

in ____________________. Im Winter kehrten sie

____.

Übung 13

Lies weitere Informationen über die Neandertaler. In welcher Reihenfolge sollte man sie in einem Sachtext anordnen? Nummeriere die Sätze.

☐ Neandertaler waren Überlebenskünstler.

☐ Raue Winterstürme fegten über das Land und es gab kaum Nahrung.

☐ Mit Holz und Fellen schützten sich die Neandertaler vor den schweren Schneestürmen.

☐ Sie konnten monatelang von ihren Fleischvorräten leben.

Übung 14

Informiere dich über Neandertaler und schreibe auf, was du erfahren hast.

____

____

____

____

____

Schreibe den Text aus Übung 12 in dein Übungsheft ab und vervollständige ihn mit eigenem Wissen.

5.2 Inhaltsangabe

Eine Inhaltsangabe verfassen

Eine Inhaltsangabe informiert mit wenigen Sätzen über den Inhalt eines Textes.
Im Einleitungssatz nennt man die Textsorte, den Titel und den Autor. Im Hauptteil wird der Inhalt mit eigenen Worten wiedergegeben.
Die Inhaltsangabe soll kürzer sein als der Text. Man schreibt sie in der Gegenwartsform.

Übung 15

Welche Satzteile gehören zusammen? Verbinde sie. Schreibe dann die Inhaltsangabe des Märchens in der richtigen Reihenfolge in dein Übungsheft.

Die Geschichte von Rotkäppchen	zu seiner Großmutter geschickt.
Als Rotkäppchen im Wald Blumen pflückt,	von den Brüdern Grimm geschrieben.
Anschließend täuscht er Rotkäppchen	zum Haus der Großmutter und frisst sie.
Das Märchen wurde	den bösen Wolf.
Einem Jäger gelingt es,	bezeichnet man als Märchen.
Rotkäppchen wird von der Mutter	und frisst es ebenfalls.
Zuletzt töten alle	lauert ihm ein Wolf auf.
Durch eine List schleicht sich der Wolf	das Mädchen und die Großmutter zu retten.

Übung 16

Um welche Textsorten handelt es sich? Verbinde.

Alle meine Entchen	Märchen
Lieber guter Nikolaus	Fantasyroman
Mord um Mitternacht	Lied
Schneewittchen	Krimi
Tintenherz	Gedicht

Übung 17

Emma liest das Buch „Harry Potter und der Stein der Weisen" von Joanne K. Rowling. Sie soll eine Inhaltsangabe dazu verfassen. Schreibe einen Einleitungssatz.

Übung 18

Niklas soll in der Klasse das Märchen „Hänsel und Gretel" vorstellen. Er soll den Inhalt in fünf Sätzen erzählen. Schreibe die Sätze auf.

1. ______________________________

____

2. ______________________________

____

3. ______________________________

____

4. ______________________________

____

5. ______________________________

____

Übung 19

Schreibe einen Einleitungssatz zu dem Buch „Pippi Langstrumpf".

____

____

Übung 20

Lies den Bericht über den finnischen Jungen Jukka. Unterstreiche Stellen, die zum Verfassen einer Inhaltsangabe wichtig sind.

Jukkas Schultag

Jukka ist zehn Jahre alt und wohnt in Jyväskylä, einer Stadt in Südfinnland. Hier besucht er auch die Schule. „Guten Morgen Nilas“, begrüßt Jukka seinen Lehrer, wenn er in die Klasse kommt. In Finnland werden die Lehrer mit ihrem Vornamen und mit „du“ angeredet. Dann zieht Jukka seine Hausschuhe an und setzt sich in den Klassenraum. Jukkas Freunde Petri und Marit winken Jukka zu. Sie haben Kopfhörer auf und schauen sich einen englischen Film an. Englischunterricht gibt es in Finnland schon im Kindergarten.

Jukka setzt sich an seinen Platz und holt seine Hefte aus der Tasche. Da kommt der Lehrer auch schon zu ihm und setzt sich neben ihn. „Jukka, du machst noch sehr viele Fehler in Mathe“, sagt er. „Bodil gibt dir Einzelunterricht, bis du wieder mithalten kannst, okay?“ Jukka nickt. Mathe ist wirklich ein großes Problem für ihn. Aber wenn der Lehrer ihm hilft, wird er es bestimmt bald begreifen.

Annette Weber

Übung 21

Beantworte folgende Fragen zum Text aus Übung 20.

Wie heißt der Junge? ______________________________

Wie alt ist er? ______________________________

Wo lebt er? ______________________________

Wo befindet sich der Junge gerade? ______________________________

Welchen Unterricht haben sie? ______________________________

Wie heißt der Lehrer? ______________________________

Welche Probleme hat der Schüler? ______________________________

Wie wird ihm geholfen? ______________________________

Übung 22

Gib den Inhalt des Textes aus Übung 20 mit wenigen Sätzen wieder.

____

____

____

____

____

Übung 23

Stelle dein Lieblingsbuch vor. Nenne Textsorte, Titel und Autor und gib dann den Inhalt des Buches in wenigen Sätzen wieder.

5.3 Eine Meinung äußern

Die eigene Meinung bilden und mitteilen

Willst du deine Meinung äußern, musst du zunächst verschiedene Argumente suchen, die dafür- oder dagegensprechen. Anschließend überlegst du, welche Argumente du besonders überzeugend findest, und kommst so zu einer eigenen Meinung.

Übung 24

Sind Schüler, die Bücher lesen, besser in der Schule? Sammle Argumente.

Dafür spricht:

____

____

____

Dagegen spricht:

____

____

____

Meine Meinung lautet:

____

____

Übung 25

Toms Aufsatzthema lautet: Soll man sich einen Hund anschaffen? Lies die Argumente, die er gesammelt hat. Welche sind nicht sachlich? Streiche sie durch.

Was spricht dafür?
- Ein Hund ist immer lustig und macht gute Laune.
- Mit einem Hund ist man immer in Bewegung.
- Mit einem Hund lernt man viele Leute kennen.
- Toms Hund mag ich besonders.
- Ein Hund vertreibt die Einbrecher.

Was spricht dagegen?
- Ein Hund kostet Geld.
- Der Hund unserer Nachbarn lässt sich nicht streicheln.
- Ein Hund macht Arbeit.
- Ein Hund ist doof.

Übung 26

Möchtest du einen Hund als Haustier haben? Ergänze die Argumente in Übung 25 und schreibe deine Meinung auf.

6

Kreatives Schreiben

Gedichte schreiben

Gedichte zu schreiben, kann man lernen. Dabei ist es wichtig, das Muster zu kennen, wie das Gedicht aufgebaut ist. Es gibt z. B. Elfchen, Rondelle oder auch Gedichte, die sich reimen.

Übung 1

Wie ist das Elfchen aufgebaut? Fülle die Lücken im Lückentext.

Weiß
die Welt
Ich laufe hinaus.
Baue einen dicken Schneemann
Winter.

Ein Elfchen besteht aus ____ Wörtern und ______ Zeilen.

In der ersten Zeile steht _______ Wort.

In der zweiten Zeile stehen _________ Wörter.

In der dritten Zeile stehen _________ Wörter.

In der vierten Zeile stehen _________ Wörter.

In der letzten Zeile steht wieder _______ Wort.

Übung 2

Schreibe ein Elfchen zum Thema „Sommer“. Sammle zuerst auf einem Zettel Wörter, die zum Thema passen. Suche dir welche aus und schreibe sie auf die Linien.

Übung 3

Schreibe ein Elfchen über dich. Sammle zuerst auf einem Zettel Wörter, die zu dir passen. Suche dir welche aus und schreibe sie auf die Linien.

Übung 4

Verbinde die Wörter miteinander, die sich reimen.

Tisch	Kummer
Hummer	sehen
Nest	kaufen
Schrank	Fest
gehen	Fisch
laufen	fett
nett	krank

Übung 5

Schreibe Sätze dazu, die sich reimen.

Gestern ging ich früh ins Bett.

____

Ich schlief fest und sah im Traum

____

Ich traute meinen Augen nicht,

____

Ich erwachte, eins, zwei, drei,

____

Übung 6

Reime können sich überkreuzen. Man nennt dies Kreuzreim.
Unterstreiche die Wörter, die sich reimen.

Es regnet, es regnet,
es regnet seinen Lauf.
Und wenn's genug geregnet hat,
dann hört's auch wieder auf.

Übung 7

Reime eine eigene Strophe über den Regen und dich.
Verwende den Kreuzreim.

____

____

____

____

____

Übung 8

Wenn du ein Gedicht mit Reimen schreiben willst, musst du darauf achten, dass die Silbenzahl in jeder Zeile gleich ist. Zähle die Silben.

Ich fang mit dem Reimen an, (____ Silben)

wenn ich Silben zählen kann. (____ Silben)

Übung 9

Ergänze immer eine Gedichtzeile, die sich mit der vorherigen Zeile reimt. Achte auf die Anzahl der Silben.

Es war einmal ein kleiner Hund

____

Ich traf ihn vor dem Kaufhaus dort

____

Die Mutter kriegte einen Schreck

____

Doch da fing ich an zu weinen

____

Nun lebt der Hund bei uns im Haus

____

Übung 10

Schreibe anhand der Anleitung ein freies Gedicht.

Überlege dir zunächst ein Thema. Kreise es ein.

Liebe – Schule – Geburtstag – Urlaub – Meer –

Schnee – Streit – Oma – Geschenk – __________

Für wen soll das Gedicht sein?

____

Weshalb schreibst du das Gedicht?

____

Welches Gefühl möchtest du in diesem Gedicht darstellen?

____

Soll sich dein Gedicht reimen oder nicht?

____

Schreibe die erste Zeile des Gedichts.

____

Schreibe nun dein Gedicht in dein Übungsheft.

Übung 11

Das Gedicht ist ein Akrostichon. Wie ist es aufgebaut?

Flammen
Erheben sich
Ungeheuer
Erreichen den Himmel
Rauch steigt auf.

Ein Wort wird ________________________ aufgeschrieben.

Mit den Anfangsbuchstaben ________________________

Übung 12

Schreibe ein Akrostichon-Gedicht zum Wort „Urlaub“.

U ____

R ____

L ____

A ____

U ____

B ____

Übung 13

Schreibe deinen Namen senkrecht in dein Übungsheft. Bilde mit jedem Buchstaben ein Wort oder einen Satz über dich.

Übung 14

Die folgende Gedichtform heißt Rondell. Zwei Sätze wiederholen sich. Unterstreiche den einen und unterringele den anderen.

Ich sah sie im Schwimmbad
zum ersten Mal.
Schwarz blitzten ihre Augen.
Ihr Mund lachte.
Ich sah sie im Schwimmbad.
Sie war wunderschön.
Ich sah sie im Schwimmbad
zum ersten Mal.

Übung 15

Schreibe ein eigenes Rondell zum Thema „Freundschaft“.

1. Satz: ________________________________

2. Satz: ________________________________

freier Satz: ______________________________

freier Satz: ______________________________

1. Satz: ________________________________

freier Satz: ______________________________

1. Satz: ________________________________

2. Satz: ________________________________

1 Nachrichten verfassen

1.1 Eine Notiz schreiben

Ü 1 S. 8
Papa kommt um 18.00 Uhr nach Hause.

Ü 2 S. 9
Lösungsvorschlag:
Liebe Mama, habe alle Aufgaben erledigt. Bin bis 18.00 Uhr im Freibad. Papa hat es erlaubt. Finn

Ü 3 S. 9
Wer kommt?
Wann kommt er?
Warum kommt er?

Ü 4 S. 10
Lösungsvorschlag:
Hallo Papa, Uwe Germann hat angerufen. Er fährt heute nicht zum Spiel. Nimm Jürgen Simon (Schillerstraße) mit. Trikot für Paul und Vereinsfahne nicht vergessen. Treffen um 18.30 Uhr vor dem Eingang. Anna

Ü 5 S. 11
individuelle Lösung

Ü 6 S. 11
individuelle Lösung

Ü 7 S. 12
- [x] Die Adresse fehlt.
- [ ] Die einzelnen Tiere werden nicht genannt.
- [x] Es kommen zu viele Gefühle vor.
- [x] Die Notiz ist zu lang.
- [ ] Der Preis fehlt.
- [ ] Das Holz wird nicht beschrieben.

Ü 8 S. 13
Morgen Mathe in der ersten Stunde ~~bei dem blöden Schulte~~.
Taschenrechner mitnehmen, ~~aber ich weiß gar nicht, wo meiner ist~~.
Sport in der sechsten Stunde fällt aus. ~~Das ist totalgemein~~.

~~Ich wette, dafür kriegen wir wieder viel zu viele Hausaufgaben auf~~.

morgen erste Stunde Mathe
Taschenrechner mitnehmen
Sport in sechster Stunde fällt aus

Ü 9
S. 14

„Bitte bringt morgen 5,– € für das Theaterstück mit!“
„Hausaufgaben für Mathe: S. 67, Nummer 3–6.“
„Schreibt das Lesestück als Rollenspiel um!“
„Bring bitte eine Verkleidung für Sophie mit.“
„Vergiss das Sportzeug nicht!“
„Ihr braucht blaues Tonpapier!“
„Morgen fällt die vierte Stunde aus.“

Ü 10
S. 14

Lösungsvorschlag:
5,– € für Theaterstück
Mathe: S. 67, Nummer 3–6
Lesestück als Rollenspiel umschreiben
Verkleidung für Sophie
Sportzeug
blaues Tonpapier
4. Stunde fällt aus

Ü 11
S. 15

Tims schwarzer Roller steht schon seit zwei Jahren ungenutzt in der Garage. Tim fährt lieber mit dem Fahrrad. Nun haben seine Eltern und er überlegt, den Roller zu verkaufen.
Tim schaut ihn sich noch einmal genau an. Es ist ein schöner Roller der Marke „Blitzflitz“ mit einem schwarzen Rahmen. Und er ist immer noch in einem guten Zustand.
„Wie viel kann ich dafür verlangen?“, fragt Tim seinen Vater.
„50,– €“, schlägt der Vater vor. „Und vergiss nicht, unsere Telefonnummer anzugeben. Nimm die Festnetznummer 03317 / 284620.“

LÖSUNGEN

Ü 12
S. 16

Lösungsvorschlag:
Schwarzer Roller der Marke „Blitzflitz“ zu verkaufen. Guter Zustand, 50 €. Telefon: 03317 / 284620.

1.2 Eine Kurznachricht schreiben

Ü 13
S. 17

Lösungsvorschlag:
Habe Bus verpasst. Komme in 1 Stunde. Maximilian
Meine Kurznachricht hat 48 Zeichen.

Ü 14
S. 18

Lösungsvorschlag:
Komme später. Bin noch bei Ben. Jonas

Ü 15
S. 18

Lösungsvorschlag:
Kannst Du mich abholen? Habe keinen Schirm. Nele

Ü 16
S. 19

individuelle Lösung

Ü 17
S. 20

Lösungsvorschlag:
Kim kann die Rolle nicht spielen. Wir sind ganz traurig. Wir brauchen Deine Hilfe – Du weißt ja, warum. Komm schnell. Ben ist auch da – da freust Du Dich, oder? Hab Dich lieb, Sarah

Ü 18
S. 20

Lösungsvorschlag:
Bin erstaunt. Na gut, ich komme. Gut bin ich aber nicht, leider. Aber mit Ben an meiner Seite – kicher … Wir sehen uns, Lina

Ü 19
S. 21

Pauls Freund Noah ist krank. Er hat eine starke Erkältung. Paul will ihn über die Hausaufgaben informieren. Heute sind es gar nicht so viele. In Mathe müssen sie auf Seite 34 die beiden Textaufgaben rechnen. Außerdem müssen sie für das Diktat üben, das sie morgen schreiben werden. Paul schreibt Noah eine Kurznachricht.

Lösungsvorschlag:
Hallo Noah, hier die Hausaufgaben: Mathe, S. 34, beide Textaufgaben, für Diktat morgen üben. Gute Besserung! Paul

Ü 20
S. 22

Lösungsvorschlag:
Bin mit Luisa, Emma und Amelie im Zimmer. Total gut. Haben Schnitzeljagd gemacht. Abends war Disco. Dann haben wir die Jungen erschreckt. Kuss Klara

1.3 Eine Einladung verfassen

Ü 21
S. 23

Lösungsvorschlag:
Mutter: „Jan, wann willst du eigentlich deinen Geburtstag feiern?“
Jan: „Samstag. Also am 14. 2.“
Mutter: „Willst du dann ein Kostümfest machen?“
Jan: „Ja, gute Idee. Ich wollte Felix, Murat und Ole einladen, außerdem Lisa und Jasmin.“
Mutter: „Dann lade sie doch auf 15.00 Uhr ein. Wir bringen sie abends gegen 19.00 Uhr nach Hause.“

Ü 22
S. 24

Wer wird eingeladen? Felix, Murat, Ole, Lisa, Jasmin
Wer lädt ein? Jan
An welchem Tag ist die Feier? Samstag, 14. 2.
Um wie viel Uhr beginnt die Feier? 15.00 Uhr
Was für eine Feier ist das? Kostümfest
Wann endet sie? gegen 19.00 Uhr
Wie kommt der Gast nach Hause? Er wird nach Hause gebracht.

Ü 23
S. 24

Lösungsvorschlag:
Lieber **Murat**,
zu meinem **Geburtstag** am **Samstag, den 14. 2.**, um **15.00 Uhr** lade ich Dich herzlich ein.

Die Feier ist ein **Kostümfest**, darum möchte ich Dich bitten, **verkleidet zu erscheinen**.
Wir bringen Dich gegen **19.00 Uhr** nach Hause.
Liebe Grüße Jan

Ü 24
S. 25

Lösungsvorschlag:
Anlass: Sommerfest
Datum: 15. Juni
Beginn: 15.00 Uhr
Ende: 19.00 Uhr
Ort: Schulhof der Birkenfeldschule
Programmpunkte:
- Tänze der 2. Klassen
- Theater der 4. Klassen
- Fußballturnier: Lehrer gegen Eltern
- Abschlusskonzert des Schulchores

Ü 25
S. 25

Lösungsvorschlag:
Liebe Eltern,
am 15. Juni findet in der Birkenfeldschule auf dem Schulhof ein großes Sommerfest statt. Jede Klasse hat etwas vorbereitet. Es erwarten Euch eine Tanzaufführung, Theater, ein Fußballturnier und ein Chorkonzert. Wir würden uns freuen, wenn Ihr um 15.00 Uhr kommt. Das Fest ist um 19.00 Uhr zu Ende.
Viele liebe Grüße
Eure Klasse 3

Ü 26
S. 26

Lösungsvorschlag:
Sommerfest in der Erlenschule
Am 6. Juli findet in der Aula der Erlenschule unser Schulfest statt.
Es gibt viel zu erleben:
Zuerst führen die 3. Klassen ein Theaterstück auf.
Anschließend zeigen die 4. Klassen Bauchtanz.

In den Klassenräumen werden Sommerkränze gebastelt.
Außerdem gibt es Kaffee und Kuchen und eine große Tombola mit tollen Gewinnen.

Beginn: 15.00 Uhr
Ende: 19.00 Uhr

1.4 Einen Brief schreiben

Ü 27
S. 27

Kassel, 24. 7. 2012

Hallo Mama!
Viele Grüße aus Kassel. Die Klassenfahrt ist toll. Yusuf und ich sind in einem Zimmer. Jeden Abend essen wir Chips und grüne Gummischlangen. Aber ich freue mich auch wieder auf zu Hause.
Gruß und Kuss
Phillipp

Ü 28
S. 28

dem Bürgermeister: Sehr geehrter, Hochachtungsvoll, Mit freundlichem Gruß
deiner Freundin: Hi, Hallo, Hey, liebe Grüße
deinem Kumpel: Hi, Hallo, Hey, Viele Grüße
deinem Lehrer: Sehr geehrter, Lieber, Mit freundlichem Gruß, Viele Grüße
deinem Vater: Lieber, Hallo, Hi, Liebe Grüße, Viele Grüße
deiner Oma: Hallo, Viele Grüße, Herzlichst

Ü 29
S. 29

Frau
Lilly Meister
Hauptstraße 24
34131 Kassel

Ü 30
S. 30

Lösungsvorschlag:

Anna Singer
Fliederstraße 10
60308 Frankfurt

Ü 31
S. 31

individuelle Lösung

Ü 32
S. 32

Lösungsvorschlag:

Liebe Marie!
Heute wurden wir gebeten, einen Brief an jemanden aus unserer Patenklasse zu schreiben. Ich habe Deinen Namen gezogen. Mein Name ist Anne. Ich gehe in die 4c und bin zehn Jahre alt. Meine Hobbys sind reiten und lesen. Was machst Du gern? Ich würde mich freuen, wenn Du mir antwortest.
Viele Grüße
Anne

1.5 Eine E-Mail schreiben

Ü 33
S. 33

Von: Jonas.Meinert@klaro.de — Sender
An: Michael.Jochims@softdat.de — Empfänger
Betreff: Treffen im Schwarzwald — Betreff

Hallo Michael!
Wir fahren morgen auf den Campingplatz Schwarzwaldblick. Habt Ihr Lust, die Ferien mit uns zu verbringen? Wir würden uns freuen.
Liebe Grüße
Jonas

— Text

Ü 34
S. 34

Lösungsvorschlag:
Sender: Lukas.Meyer@web.de
Empfänger: Jonas.Meinert@klaro.de
Betreff: Treffen im Schwarzwald

Anrede: Hallo Jonas!
Text: Das ist eine tolle Idee. Wir kommen am nächsten Montag und freuen uns, Euch zu sehen.
Grußformel: Liebe Grüße
Name: Lukas

2 Erzählen

2.1 Geschichten erzählen

Ü 1
S. 35

Lösungsvorschlag:
Ein Ausflug: Pause, Besichtigung, Wanderung, Museum, Theater, Fußball spielen, Frühstücken, Picknick …

Ü 2
S. 36

Die zweite Halbzeit läuft.
1:3 gegen die Heideschule.
Ich schieße das erste Tor.

Mein Wunsch ging in Erfüllung!
Ein Hund lag im Körbchen.
Ich nannte ihn Leica.

Ü 3
S. 37

Gestern durfte ich mit Strolchie spazieren gehen.
Das ist der Hund meiner Oma.
Wir gingen durch den Wald.
Plötzlich kamen zwei Jungen hinter uns her.
Sie verfolgten uns die ganze Zeit.
Ich bekam furchtbare Angst.
Darum lief ich schnell zu meiner Oma zurück.

Ü 4 S. 38 **Lösungsvorschlag:**

Klassenfahrt in die Jugendherberge
mit Lara, Luisa und Anna in einem Zimmer
nachts
alles war dunkel
plötzlich ein Geräusch
zwei Geister im Zimmer
ich sprang aus dem Bett
Anna schrie
Angst
lautes Lachen
es war nur ein Betttuch
Ole und Tom hatten sich verkleidet
Mitternachtsparty in unserem Zimmer

Ü 5 S. 39 **Lösungsvorschlag:**

Wann und wo begann alles?
Klassenfahrt in die Jugendherberge
Wer war dabei?
Lea, Lara, Luisa, Anna, Ole und Tom

Was passierte?
Alles war dunkel. Plötzlich ein Geräusch. Zwei Geister kamen ins Zimmer.
Welche Gefühle löste es aus?
Die Mädchen hatten Angst.

Wie löste sich alles auf?
Es waren nur Ole und Tom mit einem Betttuch über dem Kopf.
Was geschah am Ende?
Mitternachtsparty im Zimmer

Ü 6 S. 40
b) und c)

Ü 7 S. 41
Lösungsvorschlag:
Gestern traf ich im Schwimmbad meinen Freund Luca. Er war schon oft vom Dreimeterbrett gesprungen und schlug mir vor, es doch auch einmal zu probieren. So kletterte ich mit ihm die Leiter zum Sprungbrett hinauf.

Ü 8 S. 41
Lösungsvorschlag:
Moritz hatte seine Luftmatratze aufgeblasen und sich daraufgelegt. Sanft trieben ihn die Wellen auf dem Wasser hin und her. Moritz schloss die Augen und war im Nu eingeschlafen. Plötzlich spürte er einen kühlen Luftzug. Er öffnete die Augen. Wo war er?

Ü 9 S. 42
traurig: unglücklich, schluchzen, weinend, Unglück, Niete, niedergeschlagen, bedrückt, Pechvogel
fröhlich: lachen, fröhlich, hüpfend, begeistert, vergnügt, Glückspilz, Hauptgewinn, kichern

Ü 10 S. 43
Moritz klammerte sich an seine Luftmatratze. Er blickte **ängstlich** über den Rand und schaute sich **vorsichtig** nach allen Seiten um. Nichts als **endloses** Wasser war zu sehen. **Schäumendes** Wasser und Wellen, so weit das Auge reichte. Moritz kroch eine Gänsehaut über den Rücken. Er trieb tatsächlich **mutterseelenallein** über die Nordsee. Wie war das möglich? Er versuchte, einen **klaren** Gedanken zu fassen. Doch da kam eine **riesige** Welle auf ihn zu.

Ü 11 S. 44
Lösungsvorschlag:
… „Jana“, flüsterte sie leise, **„wach auf!“** Jana schreckte hoch. **„Was ist los?“**, wollte sie wissen. **„Da unten steht jemand und wirft Steinchen gegen das Fenster“**, erklärte Mia. Sofort richtete sich Jana auf.

„Lass uns ans Fenster gehen und schauen, wer da steht“, schlug sie vor.

Ü 12 S. 44 individuelle Lösung

Ü 13 S. 45 a), d), f)

Ü 14 S. 46 **Lösungsvorschlag:**

Eine Welle kommt auf Moritz zu.
Wie verhält Moritz sich? Moritz klammert sich an die Luftmatratze.
Was hat die Welle verursacht? Ein großer Dampfer hat die Welle verursacht.
Wie gelingt es Moritz, auf sich aufmerksam zu machen? Moritz hält mit der Luftmatratze auf den Dampfer zu. Er winkt und schreit.
Wie wird Moritz gerettet? Passagiere sehen ihn vom Deck aus. Sie alarmieren den Kapitän.

Moritz klammerte sich an seine Luftmatratze, so fest er konnte. Wie eine Dampfwalze rollte die Welle über ihn hinweg und zog ihn in die Tiefe. Als Moritz wieder auftauchte, traute er seinen Augen kaum. Vor ihm lag ein großes Schiff. Moritz steuerte seine Luftmatratze direkt auf das Schiff zu. Dann winkte er mit beiden Armen und schrie. Tatsächlich sahen ihn die Passagiere, die an Deck standen. Sie alarmierten den Kapitän, der vorsichtig auf Moritz zufuhr und ihn an Bord nahm.

Ü 15 S. 47 individuelle Lösung

Ü 16 S. 47 individuelle Lösung

2.2 Bildergeschichte

Ü 17
S. 48

Lösungsvorschlag:

Johanna hat Geburtstag. Sie ist neun Jahre alt geworden. Zu ihrem Geburtstag hat sie ihre beste Freundin Nina eingeladen. Mama hat Johanna einen Kuchen gebacken und neun Kerzen darauf gesteckt. Jetzt will Johanna die Kerzen alle auf einmal auspusten. Das bringt Glück.

Ü 18
S. 49

Lösungsvorschlag:

Ein tolles Geschenk

Johanna hatte am Montag Geburtstag. Heute will sie mit Oma und Opa feiern.
Plötzlich klingelt es an der Tür. Oma und Opa sind da. Sie haben ein großes Päckchen unter dem Arm. Aufgeregt öffnet Johanna das Päckchen. Ein wunderschöner großer Teddy kommt zum Vorschein. Johanna ist überglücklich. Dieser Teddy darf ab jetzt jede Nacht in ihrem Bett schlafen.

Ü 19
S. 50

Lösungsvorschlag:

Wir waren ganz aufgeregt. „Felix, Felix!“, riefen wir in alle Richtungen. Aber Felix blieb verschwunden. Wir suchten überall, liefen hierhin und dorthin. Aber als es Abend wurde, hatten wir Felix immer noch nicht gefunden. Traurig gingen wir schlafen.
Mitten in der Nacht wurde ich plötzlich durch ein Geräusch geweckt. Schnell sprang ich aus dem Bett und schaute nach. Felix saß auf der Terrasse und kratzte winselnd an der Tür. „Da bist du ja endlich!“, rief ich erleichtert, ließ Felix herein und schloss ihn in die Arme.

2.3 Nacherzählung

Ü 20
S. 51

Zwei Freunde und ein Bär

Zwei Freunde versprachen sich, immer füreinander da zu sein, wenn sie in Not gerieten. Dann machten sie sich gemeinsam auf eine lange Wanderung.
Unterwegs begegnete ihnen ein Bär. Der eine Freund ergriff die Zweige eines Baumes und zog sich hinauf. Der andere wusste nicht, was er machen sollte. In seiner Not legte er sich auf den Boden und stellte sich tot. Er hatte gelernt, dass Bären einen Toten nicht anrühren. Der Bär umschlich ihn, schnüffelte an ihm herum und leckte die bewegungslose Gestalt am Ohr. Schließlich ging er davon.
Nun kam der andere vom Baum heruntergeklettert. „Was hat der Bär dir zugeflüstert?", wollte er wissen. „Er hat mir geraten, mich nicht mit falschen Freunden einzulassen", antwortete der andere.

Ü 21
S. 52

Lösungsvorschlag:

Was passiert am Anfang? Zwei Männer geben sich das Versprechen, einander immer zu helfen, wenn einer in Not ist. Sie machen zusammen eine Wanderung
Wer begegnet ihnen? Es begegnet ihnen ein Bär.
Wie verhält sich der eine Mann? Er klettert auf den Baum und rettet sich.
Wie verhält sich der andere Mann? Der andere stellt sich tot.
Was macht der Bär? Der Bär umschleicht den Mann auf dem Boden und leckt ihn am Ohr.
Wann kommt der eine vom Baum herunter? Als der Bär weg ist, kommt er vom Baum herunter.
Was will er von seinem Freund wissen? Er will wissen, was ihm der Bär ins Ohr geflüstert hat.
Was antwortet ihm der Freund? Er sagt, der Bär habe ihm geraten, sich nie mit falschen Freunden einzulassen.

2.4 Reizwortgeschichte

Ü 22
S. 53

Lösungsvorschlag:
Wie begann es? Tim war mit seiner Mutter auf dem Spielplatz. Er spielte im Stelzenhaus.
Was kam dann? Ein Hund kam über den Spielplatz gerannt und setzte sich laut bellend unter das Stelzenhaus. Tim hatte Angst.
Wie endete es? Die Mutter kam Tim zu Hilfe.

Ein gefährlicher Spielplatzbesuch
Nachdem er alle Hausaufgaben erledigt hatte, ging Tim mit seiner Mutter auf den Spielplatz. Sofort kletterte er in das Stelzenhaus. Dort spielte er am liebsten. Plötzlich hörte Tim ein lautes Bellen. Ein großer brauner Hund kam über die Wiese zum Spielplatz gerannt. Er setzte sich unter das Stelzenhaus und knurrte gefährlich. Tim hatte Angst. „Hilfe", rief er seiner Mutter zu, „ich komme hier nicht mehr raus." Die Mutter kam schnell herbei, streckte Tim beide Arme entgegen und rettete ihn so aus dem Stelzenhaus.

Ü 23
S. 54

Lösungsvorschlag:
Alle Sätze beginnen mit **da** oder **dann**.
Die Sätze sind kurz und alle gleich aufgebaut.
Die Geschichte hat keine Spannung.

Ü 24
S. 54

Lösungsvorschlag:
schließlich, danach, nun, auf einmal, plötzlich, später, zuletzt, nachher, jetzt

Diebstahl im Zoo
Gestern ging ich mit meinen Eltern in den Zoo. Da war es sehr lustig. Meine Mutter kaufte mir ein Eis. Anschließend waren wir bei den Affen. Dort kam ein Affe an das Gitter und riss mir plötzlich das Eis aus der Hand. Bekam ich einen Schreck!

Ü 25
S. 55

Glück gehabt!

Heute durfte ich zum ersten Mal mit meiner Freundin Janne zu einem Reiterhof gehen.
Zuerst zeigte mir Janne die Pferdeställe. **Danach** sattelten wir die Pferde. Mein Pferd hieß Buran und es war sehr lieb. **Trotzdem** war ich sehr aufgeregt, als ich es in die Reithalle führte. **Jetzt** stieg ich auf und ritt hinter den anderen her im Kreis. **Plötzlich** machte Buran einen Satz nach vorne. Ich bekam einen Schreck, verlor die Zügel und stürzte in die weichen Holzspäne. **Aber** ich hatte mir nicht wehgetan.
Später saßen wir noch gemütlich zusammen. „Wenn man fällt, muss man schnell wieder aufsteigen", sagte die Reitlehrerin.

Ü 26
S. 56

Lösungsvorschlag:

Fußballspiel mit Folgen

Heute traf ich mich mit Jonas, Tim, Leon und ein paar anderen Freunden in Leons Garten zum Fußballspielen. Jonas hatte seinen Ball mitgenommen.
Unsere Mannschaft führte zuerst. Dann schoss Tims Mannschaft ein Tor. Das wollten wir sofort wieder ausgleichen. „Auf geht's, Leute!", feuerte Leon uns an. Ich schoss den Ball zu Leon hinüber. Der verfehlte ihn knapp. In hohem Bogen flog der Ball zum Fenster hinüber. Dann klirrte es laut.
Jonas und die anderen rannten sofort weg. Nur Leon und ich blieben wie versteinert im Garten stehen. Da kamen auch schon die Nachbarn aufgeregt angerannt. War das ein Ärger! Zum Glück kam Leons Vater dazu, um die Sache zu klären. Die Eltern hatten nämlich eine Haftpflichtversicherung.

2.5 Erlebniserzählung

Ü 27
S. 57

Lösungsvorschlag:

Zu spät gekommen

zur Schule gegangen, unterwegs gebummelt, jemanden getroffen und sich unterhalten, am Kaugummiautomaten herumgespielt, Schulhof schon leer, alle Kinder in der Klasse, sich entschuldigt

Ü 28
S. 58

Zu spät!

Wie jeden Tag gehe ich um 8.00 Uhr zur Schule. In der Bahnhofsstraße treffe ich meine Freundin Marie. Sie spielt mit ihrem Hund Benno im Garten. „Komm doch auch“, ruft sie. Da klettere ich über die Mauer in ihren Garten. Wir spielen mit Benno. Das macht großen Spaß. Plötzlich höre ich unsere Schulglocke. „Himmel!“, rufe ich, „ich muss doch zur Schule.“ Dann renne ich schnell zur Schule. Alle sitzen schon in der Klasse. Zum Glück kommt die Lehrerin aber ein bisschen später.

Ü 29
S. 58

Zu spät!

Wie jeden Tag ging ich um 8.00 Uhr zur Schule. In der Bahnhofsstraße traf ich meine Freundin Marie. Sie spielte mit ihrem Hund Benno im Garten. „Komm doch auch“, rief sie. Da kletterte ich über die Mauer in ihren Garten. Wir spielten mit Benno. Das machte großen Spaß. Plötzlich hörte ich unsere Schulglocke. „Himmel!“, rief ich, „ich muss doch zur Schule.“ Dann rannte ich schnell zur Schule. Alle saßen schon in der Klasse. Zum Glück kam die Lehrerin aber ein bisschen später.

Ü 30
S. 59

Lösungsvorschlag:

Hilfe, ein Banküberfall!

Mein Sparschwein war so schwer, dass ich es kaum tragen konnte. Also beschloss ich, damit zur Bank zu gehen und das Geld auf meinem Konto einzuzahlen. Gerade war ich am Schalter angekommen, da wurde

die Tür aufgerissen. Zwei Männer mit einer Waffe in der Hand stürmten in den Raum. **„Das ist ein Überfall“**, schrie der eine. **„Alle sofort auf den Boden legen“**, brüllte der andere. Ich ließ mich sofort auf den Boden fallen. Die anderen machten es auch.
Plötzlich hörten wir die Sirene eines Polizeiautos. **„Die Polizei kommt“**, rief der eine Bankräuber. **„Lass uns abhauen“**, erwiderte der andere. Aber sie kamen nicht weit. Draußen liefen sie der Polizei direkt in die Arme. **„Die werden wohl ein paar Jahre im Gefängnis sitzen“**, flüsterte mir die Kassiererin zu. **„Das gönne ich ihnen“**, gab ich zurück.

Ü 31 S. 60

Wir hatten keine Hausaufgaben auf, **darum** ging ich ins Schwimmbad.
Ich rannte auf das Becken zu **und** sprang hinein.

Ü 32 S. 60

Ich traf Jakob im Schwimmbad. Wir setzten uns auf meiner Decke in die Sonne und spielten Karten.
Als wir Hunger bekamen, gingen wir zu der Imbissbude hinüber. Wir kauften Pommes mit Mayo und tranken dazu eine Cola.

Ü 33 S. 61

Lösungsvorschlag:
Zwei Mädchen sind in eine Höhle geraten. Immer tiefer sind sie hineingegangen, doch jetzt kennen sie den Rückweg nicht mehr.
In der Höhle ist es dunkel und feucht. Nur ein schwacher Lichtschein dringt zu ihnen herein. Es gibt Spinnen, Kröten und sogar eine Eule.

Ü 34 S. 62

Lösungsvorschlag:
Die Mädchen haben große Angst. Ihre Zähne klappern. Eine Gänsehaut kriecht ihnen über den Rücken. Ihr Herz klopft und sie haben kalte, zitternde Hände. Sie haben keine Hoffnung mehr, dass sie jemand findet.

Ü 35
S. 62

Lösungsvorschlag:

Höhlenabenteuer

... Leas Herz klopfte und Annika kroch eine Gänsehaut über den Rücken. Jetzt krabbelte etwas über Annikas Hand, das sich wie eine Spinne anfühlte. Annikas Magen drehte sich fast um. Dann schrie sie laut auf. Lea presste sich die Hand vor den Mund, um nicht laut loszuweinen. Ihr ganzer Körper zitterte. Sie hatte schreckliche Angst. Plötzlich hörten die Mädchen Stimmen. Vor Erleichterung riefen sie ganz laut: „Hier sind wir!" Herr Stein und der Fremdenführer kamen auf sie zu und wickelten sie rasch in warme Decken ein. Alle waren froh, dass das Höhlenabenteuer gut ausgegangen war.

2.6 Fantasiegeschichte

Ü 36
S. 63

- F Noch nie war ich einem Einhorn so nahe gewesen.
- E Ich fiel meinem Großvater um den Hals.
- E Ich nahm meinen Rucksack und lief los.
- F Die kleine Elfe sah mich an und lächelte.
- F Da landete das Ufo direkt vor meinen Füßen.
- E Mit einem Sprung war ich im Wasser.
- E Jeden Nachmittag trainierte Peter auf dem Eis.

Ü 37
S. 63

Lösungsvorschlag:

Elfe, Riese, Zwerg, Prinzessin, Marsmännchen, Ork, Oger, Einhorn, Fee, Vampir, Drache, Hexe

Ü 38
S. 64

individuelle Lösung

Ü 39
S. 65

individuelle Lösung

3 Berichten

Ü 1 S. 67

- [ ] Ich war total traurig.
- [x] Der Unfall ereignete sich um 15.30 Uhr.
- [ ] So ein schlechtes Wetter!
- [x] Die Polizei traf sofort ein.
- [ ] Nie hätte er gedacht, dass so etwas passiert.
- [x] Ein Krankenwagen wurde gerufen.
- [ ] Susi ist immer gleich beleidigt.
- [x] Die Schuld an dem Unfall ist nicht geklärt.

Ü 2 S. 68

beim Völkerball verletzt – Was passierte?
zwei Schüler der Klasse 2 – Wer?
Sie stießen mit den Köpfen zusammen, weil sie versuchten, den Ball zu fangen. – Warum?
in der zweiten Stunde – Wann?
in der Sporthalle – Wo?
beide Schüler haben eine Platzwunde – Mit welchen Folgen?

Lösungsvorschlag:
In der zweiten Stunde passierte in der Sporthalle ein Unfall. Zwei Schüler der Klasse 2 verletzten sich beim Völkerball. Sie stießen mit den Köpfen zusammen, weil sie versuchten, den Ball zu fangen. Als Folge des Zusammenstoßes hatten beide Schüler eine Platzwunde.

Ü 3 S. 69

„Also, das war ja wohl ein Chaos. Ich wollte nur Geld abheben. Es war doch der 1. März. Da kriege ich immer mein Gehalt. Also gehe ich gegen 15.00 Uhr über den Parkplatz an der Hauptstraße, und da fällt mir so ein weißes Auto auf. Ein Geländewagen. Ich gucke immer mal auf das Kennzeichen, da hat der doch das Kennzeichen K-PS 224. PS wie mein Name Piet Schreiner. Im Auto saß ein Mann hinter dem Steuer. Naja, ich dann weiter zur Bank, hatte gerade die Tür in der Hand und wollte reingehen, da knallt mir einer von innen fast die Tür an den Kopf. Und dann rennen zwei Typen aus der Bank. Beide hatten so eine Maske auf. ‚Überfall!', ruft die Frau von der Kasse. Naja, da habe ich sofort mein Handy rausgeholt und schnell die Polizei angerufen. Aber da waren die Gangster schon längst über alle Berge."

Ü 4
S. 70

Wann passierte der Überfall? am 1. März gegen 15.00 Uhr
Wo passierte der Überfall? Bank an der Hauptstraße
Wer verursachte den Überfall? zwei maskierte Bankräuber
Wer war Zeuge? Piet Schreiner
Wie geschah es? Zwei Männer überfielen die Bank, ein weiterer wartete im Fluchtfahrzeug.
Wie endete alles? Die Bankräuber konnten fliehen.

Lösungsvorschlag:
Am 1. März wurde gegen 15.00 Uhr die Bank an der Hauptstraße überfallen. Der Zeuge Piet Schreiner beobachtete das Ereignis. Zwei maskierte Männer überfielen die Bank, ein weiterer wartete in einem Fluchtfahrzeug. Die Täter konnten fliehen.

Ü 5
S. 71

An der Goethestraße Ecke Schillerstraße ereignet sich ein Unfall. Gegen 15.30 Uhr kommt ein BMW die Goethestraße entlang. Zur gleichen Zeit fährt ein VW aus der Schillerstraße heraus. Der Fahrer des VWs beachtet die Vorfahrt nicht. Er fährt in die Seite des BMWs und verschuldet damit den Unfall. An beiden Autos entsteht Totalschaden.

Das fällt mir auf: Die Verben stehen in der Gegenwartsform.

Ü 6 S. 71

ereignet – ereignete
kommt – kam
fährt – fuhr
beachtet – beachtete
verschuldet – verschuldete
entsteht – entstand

Ü 7 S. 72

Gestern fand im neuen Stadion das Fußballspiel FC Gremberg gegen Fortuna Dinkelsbach statt. ~~Papa und ich waren ganz aufgeregt. Die Stimmung war total gut.~~ Schon nach einer Viertelstunde fiel das erste Tor für den FC Gremberg. Zur Halbzeit stand es dann 2:0. ~~Wir jubelten bereits und feierten unseren Sieg.~~ Doch dann holte die Fortuna auf. In der 52. Minute fiel das erste Tor für den Gegner und am Ende stand es 2:2. ~~Trotzdem waren wir alle zufrieden. „Das hätte schlimmer ausgehen können", sagte Papa.~~ Das Spiel endete um 15.00 Uhr.

Ü 8 S. 73

große Pause – Wann?
Der Lehrer ermahnt. – Was?
Familie Trüg wird benachrichtigt. – Welche Folgen?
Astrid-Lindgren-Schule – Wo?
Oliver Trüg verlässt das Schulgelände. – Was?
Streit auf dem Schulhof – Was?
Drei Schüler streiten sich beim Völkerballspiel. – Was?
21. Mai, 9.45 Uhr – Wann?
Oliver erhält einen Klassenbucheintrag. – Welche Folgen?
Die Pausenaufsicht greift ein. – Was?
Oliver zeigt sich uneinsichtig. – Was?
Schlägerei zwischen Oliver Trüg und Kai Meite – Wer?

Ü 9 S. 73

Lösungsvorschlag:
Am 21. Mai um 9.45 Uhr kam es in der großen Pause auf dem Schulhof der Astrid-Lindgren-Schule zu einem Streit. Der Streit entstand bei einem Völkerballspiel. Der Lehrer ermahnte die Schüler. Doch dann entstand eine Schlägerei zwischen Oliver Trüg und Kai Meite. Die

Pausenaufsicht griff ein. Oliver Trüg zeigte sich aber uneinsichtig und verließ das Schulgelände. Er erhielt einen Eintrag ins Klassenbuch. Außerdem wurden seine Eltern benachrichtigt.

Ü 10
S. 74

~~plötzlich~~ – ~~auf einmal~~ – danach – ~~total aufgeregt~~ – ~~hammerhart~~ – erst jetzt – trotzdem – Zeuge – ~~ich schwöre~~ – Personenschaden ~~– wahnsinnig~~

Ü 11
S. 74

am Montag – Zeit
am späten Nachmittag – Zeit
im Wald – Ort
im Bürgerpark – Ort
um 17.00 Uhr – Zeit
am Hinterausgang des Cafés – Ort
auf dem Bolzplatz – Ort
zwanzig Minuten später – Zeit
bald – Zeit

Ü 12
S. 75

Lösungsvorschlag:
Am 6. Februar gab es ein Unwetter in Lemgo, bei dem großer Sachschaden entstand.

Ü 13
S. 75

Lösungsvorschlag:
Am 14. 6. fand um 18.00 Uhr im örtlichen Fußballstadion ein Livekonzert statt, das ausverkauft war.

Ü 14
S. 76

Lösungsvorschlag:
Am 9. Juni hatte die Rockband „The Hopes“ auf dem Open-Air-Festival ihren Auftritt. Fast 20 000 Fans waren gekommen, um die Band zu hören. Doch kurz vor dem Auftritt zog ein starkes Gewitter auf. Regen prasselte auf die Zuschauer nieder und es donnerte.
Die Sicherheit der Zuschauer war in Gefahr. So entschieden die Veranstalter, das Konzert ausfallen zu lassen. Enttäuscht gingen die Fans nach Hause. Das Konzert wird zu einem späteren Zeitpunkt nachgeholt.

Ü 15 S. 77

Die ~~tolle~~ Sängerin Lily Lovely wurde seit zwei Jahren von einer ~~heimtückischen~~ Stalkerin bedroht. Immer wieder belästigte die unbekannte Frau Lily durch ~~gemeine und unverschämte~~ Drohanrufe. Nun entschied das Gericht, dass die ~~bescheuerte~~ Stalkerin 150 Meter Abstand vom Star halten muss. ~~Hoffentlich macht sie das auch.~~

Ü 16 S. 77

- [B] Am Auto entstand hoher Sachschaden.
- [B] Hinweise zur Ergreifung des Täters sollen der nächsten Polizeidienststelle gemeldet werden.
- [E] Und wenn sie nicht gestorben sind, so leben sie noch heute.
- [E] Das mache ich nie wieder.
- [B] (Der Mann wurde dem Haftrichter vorgeführt.
- [E] Da war ich froh, dass alles nur ein Traum war.

4 Beschreiben

4.1 Personenbeschreibung

Ü 1 S. 78

Gesicht: groß, klein, schmal, breit, rund, lang
Haare: abstehend, lang, lockig
Ohren: groß, klein, abstehend
Nase: groß, klein, schmal, breit, krumm, lang
Augen: groß, klein, blau, schmal, rund
Mund: groß, klein, schmal, breit, krumm

Ü 2 S. 79

individuelle Lösung

Ü 3 S. 79

individuelle Lösung

Ü 4 S. 80
individuelle Lösung

Ü 5 S. 81
Lösungsvorschlag:
… er lacht selten. Peter ist klein und kräftig. Er hat ein breites Gesicht und schmale Lippen. Seine Ohren stehen weit vom Kopf ab. Seine kurzen Haare sind zur Seite gekämmt. Er trägt meistens einen Trainingsanzug und Stiefel. Peter fährt gern Motorrad.

Ü 6 S. 82
Bart Simpson
Lösungsvorschlag:
Was ist an Saskias Beschreibung gelungen? Das Äußere der Person ist genau beschrieben. Die Person ist zu erkennen.
Was ist nicht gelungen? Fast jeder Satz beginnt mit „ich“. Es werden sehr oft die Verben „sein“ und „haben“ verwendet. Alle Sätze sind gleich aufgebaut.

Ü 7 S. 83
Lösungsvorschlag:
Ich bin ein zehnjähriger Junge. Es handelt sich bei mir um eine Zeichentrickfigur, die frech und lustig ist. Meine blonden Haare stehen weit vom Kopf ab. Außerdem habe ich große runde Augen. Besonders auffällig sind auch meine Stupsnase und meine kleinen Ohren. Zu meinen Eigenschaften gehört eine große Klappe.

Ü 8 S. 84
Eigentlich war Pascal immer ein stiller Junge. Wenn er von seinen Klassenkameraden geärgert wurde, wehrte er sich nicht. Er ließ den Kopf hängen und verließ den Klassenraum, ohne zu sprechen.
Eines Tages warf Elias Pascal beim Völkerball absichtlich einen Ball an den Kopf. Die Mitschüler lachten. Pascals Gesicht wurde rot. Plötzlich rannte er zu Elias, packte ihn und rüttelte ihn. Dann schrie er ihn an. Das war Elias eine Lehre.

Ü 9 S. 84

Welche Eigenschaften hat Pascal eigentlich? Er ist still.
Wie verhält er sich normalerweise, wenn er geärgert wird? Er wehrt sich nicht.
Was macht Pascal, als Elias ihn ärgert? Er packt Elias und rüttelt ihn. Dann schreit er ihn an.

Ü 10 S. 85

blond
wütend
lustig
klein
dick
schlau
schwarzhaarig
mager

Ü 11 S. 85

individuelle Lösung

Ü 12 S. 86

Steffis schmales Gesicht ist blass.
Felix' lockige Haare sind schulterlang.
Lilly spielt gern Fußball und Völkerball.
Jakob mag Hunde und Pferde.
Samira bestellt Spaghetti und eine Cola.

Ü 13 S. 87

Lösungsvorschlag:
Ich heiße Jonas und bin zehn Jahre alt.
Ich bin groß und auch sehr sportlich.
Meine blauen Augen sind groß und rund.
Meine Nase ist sehr groß und krumm.
Mein Mund ist groß und meine Lippen sind schmal.
Meine kurzen Haare sind lockig.

Ü 14 S. 87

Am liebsten esse ich Pizza Salami mit ganz viel Käse.
Pizza Salami mit ganz viel Käse esse ich am liebsten.

Ü 15
S. 88

Ich heiße Kimiyo und bin zehn Jahre alt.
Wie viele Japaner bin ich sehr klein.
Viele aus meiner Klasse sagen, ich sehe noch aus wie ein Kindergartenkind.
Aber ich bin ziemlich kräftig und auch sehr sportlich.
Von vielen aus meiner Klasse werde ich in die Völkerballmannschaft gewählt.
Ich habe schwarze Haare und schwarze Augen.
Außerdem habe ich eine Stupsnase und schmale Lippen.
Weil ich schon früh Musikunterricht hatte, kann ich gut Klavier spielen.
Darauf bin ich besonders stolz.
In meiner Freizeit spiele ich Fußball.
Gerne möchte ich Profifußballerin werden.
Aber leider bin ich derzeit dazu zu klein.

4.2 Gegenstandsbeschreibung

Ü 16
S. 89

Lösungsvorschlag:
Lampe: hell
Brei: weich, heiß
Fenster: durchsichtig, groß, glatt
Rinde: rau
Watte: weich, kuschelig, weiß
Tisch: hart, groß, glatt
Sessel: weich, groß, gemütlich

Ü 17
S. 90

Das Möbelstück ist eine **Liege**. Sie hat die Form wie der **Buchstabe** S. Der Dachs legt seinen **Kopf** auf das Kopfteil. Die **Beine** liegen erhöht. Auf diese Weise kann man sich gut **entspannen**. Es ist auch möglich, mit dem **Möbelstück** zu schaukeln.

Ü 18
S. 91

Lösungsvorschlag:
Welche Farbe hat das Haus? individuelle Lösung
Welche Farbe hat das Dach? individuelle Lösung

Aus welchem Material ist es? Dachziegel
Welche Farbe hat die Haustür? individuelle Lösung
Welche Form hat die Tür? viereckig
Wie viele Fenster hat das Haus vorne? zwei
Welche Form haben die Fenster? rund
Welche Hausnummer hat das Haus? 46
Was befindet sich vor dem Haus? ein Briefkasten

Ü 19 S. 92

Lösungsvorschlag:
An der Beschreibung ist gelungen: genau, sachlich, abwechslungsreiche Sätze
Vergessen hat Lea: Die Fenster sind rund. Das Dach ist aus Ziegeln.

Ü 20 S. 92

Lösungsvorschlag:
Wir wohnen in dem weiß verputzten Haus an der Hauptstraße. Es hat die Nummer 46. Das Haus hat vorne eine blaue viereckige Haustür aus Holz und zwei runde Fenster. Das Dach ist aus roten Ziegeln. Vor dem Haus befindet sich ein Briefkasten, der auf einem Rohr steht.

4.3 Vorgangsbeschreibung

Ü 21 S. 93

5 Ich rühre alles mit einem Löffel um.
2 Danach schäle ich die Apfelsinen und Bananen.
7 Dann serviere ich den Obstsalat.
4 Schließlich gebe ich es in eine Schüssel.
1 Zuerst wasche ich die Äpfel und Weintrauben.
3 Ich schneide das Obst in kleine Stückchen.
6 Nach Bedarf füge ich noch etwas Zucker und Rosinen hinzu.

Ü 22
S. 94

dann, danach, zuerst, später, zuletzt, nun, jetzt, daraufhin, anschließend …

Ü 23
S. 94

Lösungsvorschlag:
Heute durfte ich zum ersten Mal ein Pferd reiten. **Zuerst** nahm ich das Halfter aus der Sattelkammer. **Anschließend** ging ich mit der Reitlehrerin auf die Wiese, um das Pferd zu holen. **Nachdem** die Reitlehrerin das Pferd angebunden hatte, durfte ich es putzen. **Daraufhin** striegelte ich das Pferd. **Schließlich** kratzte ich mit dem Hufkratzer die Hufe aus. **Danach** durfte ich das Pferd satteln und die Trense auflegen. **Zuletzt** musste der Sattelgurt nachgezogen werden.

Ü 24
S. 95

Lösungsvorschlag:
Zum Braten von Spiegeleiern braucht man Eier, Margarine und eine Bratpfanne.
Die Bratpfanne wird auf den Herd gestellt und Margarine hineingegeben. Dann schlägt man ein Ei gegen die Tischkante, sodass es zerspringt. Anschließend hält man es schnell über die Bratpfanne und öffnet die Eierschale vorsichtig. Das Ei gleitet in die Pfanne. Nun kann man noch weitere Eier dazugeben. Die Eier werden so lange angebraten, bis das Eiweiß fest ist. Dann kann man sie mit dem Pfannenwender aus der Pfanne holen und auf einen Teller geben.

Ü 25
S. 96

Man braucht: Bleistift, Anspitzer, Papierkorb
Arbeitsschritte:
1. Bleistift und Anspitzer bereitlegen
2. Bleistift in den Anspitzer stecken
3. Bleistift vorsichtig drehen
4. Bleistift herausziehen
5. Späne in den Papierkorb werfen

Ü 26
S. 96

Lösungsvorschlag:
Neben dem Bleistift brauche ich einen Anspitzer und einen Papierkorb. Ich schiebe den Bleistift mit der Spitze in die Öffnung des Anspitzers und drehe den Bleistift vorsichtig im Uhrzeigersinn um. Zwischendurch schaue ich immer mal wieder nach, ob der Stift spitz genug ist. Dann ziehe ich den Bleistift aus dem Anspitzer heraus und werfe die Bleistiftspäne in den Papierkorb.

Ü 27
S. 97

Lösungsvorschlag:
Ich brauche 2 ½ Tassen Mehl, ½ Tasse Salz, 1 Esslöffel Alaun, 1 ½ Tassen Wasser, 1 Esslöffel Öl und Lebensmittelfarbe.
Zuerst verrühre ich das Mehl, das Salz und den Esslöffel Alaun. Anschließend werden das Wasser und der Esslöffel Öl erwärmt und die Lebensmittelfarbe wird untergerührt. Nun wird die heiße Flüssigkeit mit der Mehl-Salz-Alaun-Masse zusammengefügt und alles kräftig umgerührt. Eine weiche Knetmasse entsteht.

Ü 28
S. 98

Vorbereitung: Rezept heraussuchen, Liste erstellen, einkaufen
Durchführung: Mehl, Zucker, Butter, Eier und Backpulver vermischen, Kuchen in den Ofen schieben, alles bei 250 °C backen
Ergebnis: Kuchen anschneiden, Tisch decken, den Kuchen genießen

5 Informationstexte verfassen

5.1 Sachtext

Ü 1
S. 99

Fernsehen, Zeitschriften, Bücher, Internet, Museen

Ü 2
S. 99

Turnier: Fest im Mittelalter, bei dem Ritterkampfspiele durchgeführt wurden. Sage: Erzählung einer fantastischen Geschichte, die aber von einem wirklichen Ereignis ausgeht. Zugbrücke: Brücke über einen Graben, die von einer Seite aus hochgezogen werden kann (vor allem bei alten Burgen). Ritter: Krieger im Mittelalter, der eine Rüstung trug.

Ü 3
S. 100

Lösungsvorschlag:
Welche Steine kennst du? Edelsteine, Kieselsteine, Granit, Marmor, Findling, Lavastein, Schiefer …
Wo findest du Steine? im Inneren der Erde, im Wasser, auf der Erde

Ü 4
S. 100

Steine entstehen auf unterschiedliche Weise. Einige bilden sich aus der Lavamasse von Vulkanen. Runde Kieselsteine entstehen im Wasser, indem sich Mineralien mit Luft verbinden. Andere Steine wie Schiefer oder Ton entstehen durch Hitze und großen Druck im Inneren der Erde. Dann gibt es noch Steine wie den Kalkstein, der sich aus den Überresten kleinster Meerestiere bildet.

Ü 5
S. 101

Es gibt viele verschiedene Marder wie zum Beispiel den Baummarder und den Steinmarder.
Der Baummarder wird ungefähr so groß wie eine Katze. Mit seinem lang gestreckten Körper, den kurzen Beinen und dem langen buschigen Schwanz kann er gut klettern. Weil sein Fell sehr weich und dicht ist, wird er von Menschen gejagt.
Sein kleinerer Verwandter, der Steinmarder, dagegen lebt in der Nähe von Siedlungen, wo er für viele Autofahrer eine Plage ist. Zu oft beißt er die Bremskabel der Autos durch.
Marder sind Raubtiere. Sie verspeisen besonders gerne kleine Nagetiere, die sie mit einem kräftigen Biss in den Nacken töten. Außerdem fressen sie Regenwürmer, Vögel, Eier, Früchte und Beeren.

Marder sind nachts aktiv. Sie leben allein und haben feste Reviere. Gerät ein anderer Marder in ihr Revier, kann es zu wütenden Kämpfen kommen. Wird ein Marder angegriffen, versprüht er einen stinkenden Duft. Damit markiert er auch sein Revier.
Weitere Vertreter aus der Familie der Marder sind das Wiesel, der Nerz, der Iltis und der Dachs.

Ü 6 S. 102
Marder: Baummarder, Steinmarder, Wiesel, Nerz, Iltis, Dachs

Ü 7 S. 102
Lösungsvorschlag:
Raubtiere; fressen kleine Nagetiere, Regenwürmer, Vögel, Eier, Früchte und Beeren; nachts aktiv; leben allein; haben feste Reviere; versprühen stinkenden Duft bei Angriff und um Revier zu markieren

Ü 8 S. 103
Mir fällt auf: Simon schreibt auch seine persönliche Meinung. Seine Bemerkungen über Tante Inge und ihren Pelzmantel gehören nicht in einen Sachtext.

Ü 9 S. 103
Steinmarder leben oft in der Nähe von Siedlungen. Manchmal verstecken sie sich unter Hausdächern und können dort große Schäden anrichten. ~~Wir hatten schon einmal einen Marder unter unserem Dach. Er hat sogar unser Antennenkabel durchgebissen. Da konnten wir nicht mehr fernsehen. War ich sauer!~~

Ü 10 S. 104
Nahrung: Beeren, Kräuter, getrocknetes Fleisch, Fleisch braten
Lebensweise: Familiengruppen, Nomaden, Nähe von Flüssen
Jagd: Tierfallen, Speere
Behausung: Höhlen, Zelte, Höhlenmalerei

Ü 11
S. 104

Lösungsvorschlag:

leben in Höhlen in Familiengruppen
gehen zur Jagd und sammeln Beeren und Kräuter
Fleisch wird gebraten
sind Nomaden
bemalen Höhlen

Ü 12
S. 105

Die Neandertaler lebten mit ihren Familiengruppen in **Höhlen**. Diese bestanden oft aus verschiedenen Räumen und Gängen und verliefen tief in den Berg hinein.
Die Höhlen wurden so ausgewählt, dass sie in der Nähe **von Flüssen waren**. In diesen Höhlen hatten die Menschen alles, was sie zum Leben brauchten. Sie schliefen auf Holzschlafstätten, die mit Stroh, Moos und Fellen ausgestattet waren. Ihre Vorräte lagerten sie in kühleren Nebenhöhlen. Die Vorräte bestanden aus **getrockneten Beeren, Fleisch und aus Kräutern**.
Die Neandertaler gingen auf die Jagd. Sie folgten den Tierherden, jagten sie mit **Speeren** und bauten auch **Tierfallen**. Im Frühling verließen die Neandertaler ihre Höhle und zogen mit den Tieren weiter. Dann lebten sie in **Zelten**. Im Winter kehrten sie **in ihre Höhlen zurück**.

Ü 13
S. 106

Lösungsvorschlag:

3 Neandertaler waren Überlebenskünstler.

1 Raue Winterstürme fegten über das Land und es gab kaum Nahrung.

2 Mit Holz und Fellen schützten sich die Neandertaler vor den schweren Schneestürmen.

4 Sie konnten monatelang von ihren Fleischvorräten leben.

Ü 14
S. 106

individuelle Lösung

5.2 Inhaltsangabe

Ü 15
S. 107

Die Geschichte von Rotkäppchen bezeichnet man als Märchen.
Das Märchen wurde von den Brüdern Grimm geschrieben.
Rotkäppchen wird von der Mutter zu seiner Großmutter geschickt.
Als Rotkäppchen im Wald Blumen pflückt, lauert ihm ein Wolf auf.
Durch eine List schleicht sich der Wolf zum Haus der Großmutter und frisst sie.
Anschließend täuscht er Rotkäppchen und frisst es ebenfalls.
Einem Jäger gelingt es, das Mädchen und die Großmutter zu retten.
Zuletzt töten alle den bösen Wolf.

Ü 16
S. 108

Alle meine Entchen – Lied
Lieber guter Nikolaus – Gedicht
Mord um Mitternacht – Krimi
Schneewittchen – Märchen
Tintenherz – Fantasyroman

Ü 17
S. 108

Das Buch „Harry Potter und der Stein der Weisen“ ist ein Fantasyroman und wurde von Joanne K. Rowling geschrieben.

Ü 18
S. 109

Lösungsvorschlag:

1. Die Geschwister Hänsel und Gretel werden von ihren verarmten Eltern im Wald ausgesetzt.
2. Im Wald kommen sie an ein Lebkuchenhaus und brechen sich hungrig ein Stück davon ab.
3. Die Besitzerin, eine Hexe, lockt sie ins Haus und nimmt Hänsel gefangen.
4. Gretel schubst die Hexe in den großen Backofen und befreit ihren Bruder.
5. Die Kinder finden nach Hause zurück.

Ü 19
S. 109

„Pippi Langstrumpf" ist ein lustiges Kinderbuch, das von der schwedischen Schriftstellerin Astrid Lindgren geschrieben wurde.

Ü 20
S. 110

Jukkas Schultag

Jukka ist zehn Jahre alt und wohnt in Jyväskylä, einer Stadt in Südfinnland. Hier besucht er auch die Schule. „Guten Morgen Nilas", begrüßt Jukka seinen Lehrer, wenn er in die Klasse kommt. In Finnland werden die Lehrer mit ihrem Vornamen und mit „du" angeredet. Dann zieht Jukka seine Hausschuhe an und setzt sich in den Klassenraum. Jukkas Freunde Petri und Marit winken Jukka zu. Sie haben Kopfhörer auf und schauen sich einen englischen Film an. Englischunterricht gibt es in Finnland schon im Kindergarten.
Jukka setzt sich an seinen Platz und holt seine Hefte aus der Tasche. Da kommt der Lehrer auch schon zu ihm und setzt sich neben ihn. „Jukka, du machst noch sehr viele Fehler in Mathe", sagt er. „Bodil gibt dir Einzelunterricht, bis du wieder mithalten kannst, okay?" Jukka nickt. Mathe ist wirklich ein großes Problem für ihn. Aber wenn der Lehrer ihm hilft, wird er es bestimmt bald begreifen.

Ü 21
S. 111

Wie heißt der Junge? Jukka
Wie alt ist er? zehn Jahre
Wo lebt er? Jyväskylä in Südfinnland
Wo befindet sich der Junge gerade? in der Schule
Welchen Unterricht haben sie? Englisch
Wie heißt der Lehrer? Nilas
Welche Probleme hat der Schüler? Probleme in Mathe
Wie wird ihm geholfen? Er bekommt Einzelunterricht.

Ü 22
S. 111

Lösungsvorschlag:

Der Text „Jukkas Schultag" ist ein Bericht von Annette Weber.

LÖSUNGEN

Der zehnjährige Jukka lebt in Jyväskylä in Südfinnland. In Finnland werden die Lehrer von den Schülern geduzt. Englischunterricht gibt es schon im Kindergarten. Als Jukka an dem Morgen in die Klasse kommt, spricht sein Lehrer mit ihm über die Probleme in Mathe und verspricht ihm Einzelunterricht.

Ü 23 S. 112 individuelle Lösung

5.3 Eine Meinung äußern

Ü 24 S. 113

Lösungsvorschlag:

Dafür spricht:
- Lesen bildet.
- Durch Lesen lernt man Rechtschreibung und Aufsatzerziehung.
- Lesen fördert die Konzentration.

Dagegen spricht:
- Lesen kostet Zeit, die man auch zum Lernen nutzen könnte.
- Für Fächer wie Mathematik, Sport, Kunst … bringt das Lesen nichts.

Meine Meinung lautet: individuelle Lösung

Ü 25 S. 114

Was spricht dafür?
- ~~Ein Hund ist immer lustig und macht gute Laune.~~
- Mit einem Hund ist man immer in Bewegung.
- Mit einem Hund lernt man viele Leute kennen.
- ~~Toms Hund mag ich besonders.~~
- Ein Hund vertreibt die Einbrecher.

Was spricht dagegen?
- Ein Hund kostet Geld.
- ~~Der Hund unserer Nachbarn lässt sich nicht streicheln.~~

– Ein Hund macht Arbeit.
~~– Ein Hund ist doof.~~

Ü 26 S. 114
individuelle Lösung

6 Kreatives Schreiben

Ü 1 S. 115
Ein Elfchen besteht aus **elf** Wörtern und **fünf** Zeilen.
In der ersten Zeile steht **ein** Wort.
In der zweiten Zeile stehen **zwei** Wörter.
In der dritten Zeile stehen **drei** Wörter.
In der vierten Zeile stehen **vier** Wörter.
In der letzten Zeile steht wieder **ein** Wort.

Ü 2 S. 116
Lösungsvorschlag:
Sommer
bunte Blumen
Sonne am Himmel
Äpfel an den Zweigen
Ferien

Ü 3 S. 116
individuelle Lösung

Ü 4 S. 117
Tisch – Fisch
Hummer – Kummer
Nest – Fest
Schrank – krank
gehen – sehen
laufen – kaufen
nett – fett

Ü 5 S. 117
Lösungsvorschlag:
Gestern ging ich früh ins Bett.
Mama fand das richtig nett.
Ich schlief fest und sah im Traum

einen wunderbaren Baum.
Ich traute meinen Augen nicht,
auf dem Baum, da saß ein Wicht.
Ich erwachte eins, zwei, drei,
da war der schöne Traum vorbei.

Ü 6 S. 118
Es regnet, es regnet,
es regnet seinen Lauf.
Und wenn's genug geregnet hat,
dann hört's auch wieder auf.

Ü 7 S. 118
individuelle Lösung

Ü 8 S. 119
je sieben Silben

Ü 9 S. 119
Lösungsvorschlag:
Es war einmal ein kleiner Hund,
der war so süß und kerngesund.
Ich traf ihn vor dem Kaufhaus dort,
er lief zu mir und ging nicht fort.
Die Mutter kriegte einen Schreck.
Bring ihn doch bitte wieder weg!
Doch da fing ich an zu weinen,
liebte diesen Hund wie keinen.
Nun lebt der Hund bei uns im Haus
und das Gedicht ist damit aus.

Ü 10 S. 120
individuelle Lösung

Ü 11 S. 121
Ein Wort wird **senkrecht** aufgeschrieben.
Mit den Anfangsbuchstaben **werden waagerecht Wörter gebildet**.

Ü 12 S. 121
Lösungsvorschlag:
U nten am See
R uhen wir aus
L aufen über die Wiese

A tmen die frische Luft
U rlaub ist da
B is zum Ende des Sommers

Ü 13 S. 121
individuelle Lösung

Ü 14 S. 122
1. Zeile: unterstrichen
2. Zeile: unterringelt
3. Zeile: frei
4. Zeile: frei
5. Zeile: unterstrichen
6. Zeile: frei
7. Zeile: unterstrichen
8. Zeile: unterringelt

Ü 15 S. 122
Lösungsvorschlag:
Wir saßen im Stadtpark
auf einer Bank,
redeten, schwiegen,
aßen ein Eis.
Wir saßen im Stadtpark,
die Sonne blinzelte uns zu.
Wir saßen im Stadtpark
auf einer Bank.